절대 1시간 기도

절대 1시간 기도

| 초판 1쇄 발행 | 2018년 7월 25일 |
| 초판 5쇄 발행 | 2019년 9월 29일 |

지은이	하정완
펴낸이	이한민
펴낸곳	아르카

등록번호	제307-2017-18호
등록일자	2017년 3월 22일
주　소	서울 성북구 숭인로2길 61 길음동부센트레빌 106-1805
전　화	010-9510-7383
이메일	arca_pub@naver.com

홈페이지	www.arca.kr
블로그	arca_pub.blog.me
페이스북	fb.me/ARCApulishing
총　판	비전북 031-907-3927

ⓒ 하정완, 저자와의 협약으로 인지는 생략되었습니다.
이 출판물은 저작권법에 의해 보호받는 저작물이므로 무단 전재와 무단 복제를 할 수 없습니다.
이 책 내용의 일부 또는 전부를 재사용하려면 반드시 저자와 출판사의 동의를 얻어야 합니다.
잘못 만들어진 책은 구입하신 서점에서 교환해 드립니다.

| 책　값 | 뒤표지에 있습니다 |
| ISBN | 979-11-961170-9-2 03230 |

아르카ARCA는 기독 출판사이며 방주ARK의 라틴어입니다.
네가 만들 방주는 이러하니 … 새가 그 종류대로, 가축이 그 종류대로,
땅에 기는 모든 것이 그 종류대로 각기 둘씩 네게로 나아오리니 그 생명을 보존하게 하라 _창 6:15,20

반드시 기도의 사람이 된다

절대
1시간 기도

하정완 지음

아르카

서론

모든 문제는
기도의 문제다

모든 문제는 기도의 문제라 해도 틀리지 않다. 기도는 하나님을 만나는 일이기 때문이다. 그러므로 사람이 현재 할 수 있는 가장 완벽한 일은 기도이다. 기도는 우리가 하는 것이지만, 사람들을 상대하는 것이 아니라 하나님과 대면하는 것이기 때문이다. 그것보다 더 강력하고 완벽한 일이 어디 있겠는가? 그러므로 지금 매일 기도하는 사람은 당연히 놀라운 삶을 살 수밖에 없을 것이다.

"사람이 현재 할 수 있는 가장 완벽한 일은 기도이다."

이 놀랍고 위대한 일을, 아무것도 아닌 내가 할 수 있는 일을 놓치는 것만큼 어리석은 일은 없다. 그런데 오늘 우리는 기도하는 사람이 사라지는 시대를 살고 있다. 기도가 없다, 기도하는 사람이 없다는 말은 기적이 사라지고 있다는 뜻이기도 하다.
더욱이 기도는 누가 대신 할 수 있는 일이 아니다. 물론 다른 사람의 중보기도로 도움을 받을 수 있지만, 내가 스스로 기도하는 것과 비교할 수 없다. 성령도 탄식하며 기도하시지만, 그것조차 우리의 기도를 돕는 것이며 우리가 직접 기도하는 것과 다른 것이다. 그러므로 누군가에게 대신 기도해달라고 요청하고 싶겠지만, 그건 이차적인 것으로 삼아야 한다. 일차적인 것은 내가 기도하는 것이다.

"기도는 내가 하나님을 만나는 일이다."

기도는 선택 사항이 아니다. 기도는 호흡이어야 한다. 그런데 아쉽게도 오늘 우리 교회의 현실은 그렇지 못하다. 겟세마네 동산에서

단 한 시간도 기도하지 못했던 베드로처럼, 기도할 수 없는 크리스천이 많아지는 것을 보고 있기 때문이다. 기도 외에 다른 방법이 없는데 말이다.

이 책은 다시 기도하는 부흥이 일어나기를 기도하면서 썼다. 생각해보라. 만일 한국교회의 크리스천들이 매일 한 시간씩 기도할 수 있게 된다면 어떤 일이 벌어질까? 아마 1907년 대부흥 운동과 같은 회개와 부흥 운동이 다시 자연스럽게 시작될 것이다. 기도하기 때문에 주님의 뜻을 알 것이고, 주님은 그들과 함께하실 것이기 때문이다. 세상에는 시험과 유혹을 이길 강력한 내적 권세가 생긴 크리스천이 존재하므로 새로운 변화와 의로움이 실현되기 시작할 것이다. 이 놀라운 일이 일어날 것을 소망한다.

주님이 탄식하신 '한 시간 기도'를 드리기를 소망하며 함께해온 '꿈이있는교회 더플랜(The PLAN) 재가수도자 훈련'의 지체들이 이 책을 집필하는 데 큰 도움을 주었다. 사족이지만 꿈이있는교회의 성숙을 위한 재가수도자 훈련 '더플랜'을 졸업하는 요건 중 하나는 기도문 500개를 갖는 것이다. 기도문을 500개 가졌다는 것은 하루 한 시간 이상 기도할 수 있는 존재가 되었다는 뜻이기 때문이다. 조국의 모든 크리스천이 하루 한 시간 기도가 자유로워지는 날을 기대하며 기도한다.

하정완 목사

차례

서론 004

Part 1 기도가 힘든 이유

01 한 시간도 기도할 수 없다 012
02 온전한 회개를 하지 못했다 019
03 수동적 기도를 할 줄 몰랐다 029
04 영이 몸의 행실을 어떻게 죽이는가? 040

Part 2 기도 능력의 원천

05 먼저 듣고 기도하라 050
06 기도하고 행동하라 056
07 기도는 기적이다 062

Part 3 한 시간 기도의 비밀

08 모든 기도를 하라 … 072
09 설교와 큐티로 기도하라 … 079
10 기도할 때 기도가 보인다 … 084
11 모든 순간에 기도하라 … 090
12 기도문이 기도다 … 099

Part 4 한 시간 기도의 실제

13 한 시간 기도 방법 … 110
14 목표, 일천 번의 기도 … 116
15 성전을 향하여 서라 … 123
16 기도 노트의 비밀 … 130
17 기도를 시작하라 … 140

부록 01 저자의 평생 기도문 샘플 100 … 146
부록 02 독자의 평생 기도문 실습 100 … 161
부록 03 기도의 긴장감이 떨어질 때 … 182

절대 1시간 기도 1부

한 시간도 기도할 수 없다
온전한 회개를 하지 못했다
수동적 기도를 할 줄 몰랐다
영이 몸의 행실을 어떻게 죽이는가?

Part
1

기도가
힘든 이유

절대 1시간 기도 : 01

한 시간도 기도할 수 없다

　　　　　　예수님은 제자들을 부르시고 약 3년 동안 함께 생활하셨다. 그것은 매우 집중된 훈련의 시간이었다. 비록 가르치시고 함께 계신 시간이 3년에 불과하다 할지라도, 예수님과 함께 먹고 마시며 지냈던 시간인 까닭에 3년은 매우 극대화된 훈련 기간이었다.

제자들의 한계, 우리의 한계

예수님과 함께 했던 3년 동안의 훈련 결과는 어땠을까? 우리는 예수님과 함께 했던 마지막 밤의 모습으로 그것을 추측할 수 있다. 우선 유월절 만찬 후, 제자들이 예수님과 함께 겟세마네 동산으로 나아갈 때의 모습은 훈련이 성공한 것처럼 보였다. 그들의 고백은 매우 분명하고 강력했다.

> ³¹그 때에 예수께서 제자들에게 이르시되 오늘 밤에 너희가 다 나를 버리리라 … ³³베드로가 대답하여 이르되 모두 주를 버릴지라도 나는 결코 버리지 않겠나이다 ³⁴예수께서 이르시되 내가 진실로 네게 이르노니 오늘 밤 닭 울기 전에 네가 세 번 나를 부인하리라 ³⁵베드로가 이르되 내가 주와 함께 죽을지언정 주를 부인하지 않겠나이다 하고 모든 제자도 그와 같이 말하니라 _마 26:31,33-35

하지만 그 날 밤부터 제자들의 모습은 비참한 실패의 연속이었다. "주와 함께 죽을지언정 주를 부인하지 않겠나이다"라고 소리쳤던 베드로는 예수님을 세 번이나 부인하며 저주하였고, 다른 제자들 역시 말할 것도 없었다. 마가복음은 그 모습을 매우 직설적으로 그렸다.

> 제자들이 다 예수를 버리고 도망하니라 _막 14:50

베드로나 제자들의 이같은 비참한 행보는 이미 겟세마네 동산에서의 모습을 통해 예견할 수 있는 것이었다. 겟세마네 동산에서 예수님은 제자들도 깨어 있기를 원하셨다.

> ³⁶이에 예수께서 제자들과 함께 겟세마네라 하는 곳에 이르러 제자들에게 이르시되 내가 저기 가서 기도할 동안에 너희는 여기 앉아 있으라 하시고 ³⁷베드로와 세베대의 두 아들을 데리고 가실새 고민하고 슬퍼하사 ³⁸이에 말씀하시되 내 마음이 매우 고민하여 죽게 되었으니 너희는 여기 머물러 나와 함께 깨어 있으라 하시고 _마 26:36-38

그때 예수님의 기도는 처절하셨다. 누가복음은 그분이 기도하는 모습을 이렇게 기록하였다.

> 예수께서 힘쓰고 애써 더욱 간절히 기도하시니 땀이 땅에 떨어지는 핏방울 같이 되더라 _눅 22:44

하지만 제자들은 예수님의 처절한 기도 소리를 들으면서도 함께할 수 없었다. 그들은 분명 3년 동안 예수님과 같이 있었지만, 한 시간도 기도할 수 없는 존재들이었다.

> 제자들에게 오사 그 자는 것을 보시고 베드로에게 말씀하시되 너희가 나와 함께 한 시간도 이렇게 깨어 있을 수 없더냐 _마 26:40

제자들의 영성은 단 한 시간도 기도할 수 없는 것이었다. 이후 제자들의 반역과 배신은 그들의 영성의 깊이를 말하는 것이었다. 제자들은 3년 동안 예수님으로부터 직접 제자훈련을 받았지만, 놀랍게도 무기력했다. 예수의 제자훈련이 실패한 것인가?

육체가 문제다

한 가지는 분명하다. 예수님의 제자훈련이 분명 제자들을 변하게 했지만, 그들이 완벽하게 변한 것은 아니었다.

> ⁴⁰너희가 나와 함께 한 시간도 이렇게 깨어 있을 수 없더냐 ⁴¹시험에 들지 않게 깨어 기도하라 마음에는 원이로되 육신이 약하도다
> _마 26:40-41

주님의 말씀에서도 알 수 있듯이, 제자들의 마음은 분명히 변했지만 육체는 아니었다. 그들은 육체를 자신들의 마음과 의지로 해결할 수 없었다. 육체의 문제는 베드로 제자들만의 문제가 아니라 바울에게도 문제였고, 오늘 우리의 문제이기도 하다.

이상하게 들릴지 모르지만, 예수님이 제자들과 3년 동안 함께 계셨어도 주님이 어찌 할 수 없었던 것은 그들의 육체였다. 물론 주님이 매우 강력하게 제어하고 조종할 수도 있으시지만, 그렇게 하지 않으셨다. 육체의 영역은 제자들이 직접 처리해야 하는 영역이었다.

살아가는 날 동안 육체의 한계를 해결하는 것은 제자들의 몫이었다. 이 문제는 모든 크리스천의 영원한 숙제가 아닐 수 없다. 간혹

주님이 도와주시지 않기 때문이라는 이상한 책임 전가 논리가 제기되기도 하지만, 육체의 문제 해결, 곧 거룩해지는 성화의 문제는 우리 자신에게 달려 있다.

우리가 예수를 믿을 때 분명히 받게 되는 구원, 곧 의롭다 함을 받는 칭의는 하나님의 전적인 구속적 은혜의 사건이다. 하지만 구원받은 존재가 자신의 몸을 다스리고 하나님의 사람으로 거룩해지는 성화는 우리가 추구해야 할 부분이다.

> 기계장치가 고장난 증기선은 항구로 들어가 신속히 부두에 정박한다. 이제 배는 안전하지만 온전하지 않다. 수리에 오랜 시간이 걸릴 수 있다. 그리스도는 우리를 안전하면서 동시에 온전하게 만들려고 하신다. 우리를 안전하게 해주는 것은 칭의다. 우리를 온전하게 해주는 것은 성화다. _달라스 윌라드, 마음의 혁신, 복있는사람, 381

우리가 믿음으로 구원은 받았지만(칭의), 그리스도의 장성한 분량이 충만한 데까지(엡 4:13) 이른 온전한 사람(성화)이 된 것은 아니다. 그것을 증명하는 리트머스 시험지 같은 예가 겟세마네 동산에서 한 시간도 기도하지 못한 베드로의 모습이라 할 것이다.

하루 한 시간 기도할 수 있는가?

오랜 시간 동안 신앙생활을 해왔지만 한 시간은커녕 하루 10분도 기도하지 못하는 크리스천을 많이 본다. 정확하게 말해서 자신의 의지로 매일 10분도 기도할 수 없는 것이다. 베드로처럼 단 10분도 기도할 수 없는 영성을 가진 존재라면 강력하게 다가오는 죄와 더러움과 불의에 대하여 대처할 힘은 없다고 봐야 한다. 오래 믿은 크리스천이라도 육체적인 세상에서 제대로 저항 한 번 해보지 않은 채 무기력하게 무너지는 것을 보면 알 수 있다.

아쉽게도 '한 시간'도 기도할 수 없어 졸았던 베드로는 주님이 말씀하신 대로 쉽게 시험에 든다(마 26:41). 육체의 연약함 때문에 베드로는 시험이 오자 속절없이 무너졌다. 심지어 예수를 부인하였고 저주까지 하였다.

> [72]베드로가 맹세하고 또 부인하여 이르되 나는 그 사람을 알지 못하노라 하더라 [73]조금 후에 곁에 섰던 사람들이 나아와 베드로에게 이르되 너도 진실로 그 도당이라 네 말소리가 너를 표명한다 하거늘 [74]그가 저주하며 맹세하여 이르되 나는 그 사람을 알지 못하노라 하니 곧 닭이 울더라 _마 26:72-73

바울은 자신도 예외가 아니라는 것을 정확하게 알고 있었다. 바울은 그런 자신의 모습이 두려웠다. 더욱이 바울은 자신이 복음을 전하고 열심히 주님의 일을 하고 있지만 실격자가 되지 않을까 걱정하였다. 자신을, 정확하게 자신의 육체를 믿을 수 없었다. 그런 까닭에 바울은 자신의 몸을 사정없이 단련하는 일에 열심을 냈다. 육체가 문제라는 것을 알았기 때문이다.

"우리가 한 시간 기도를 할 수 있는가?"라는 질문은 "자신의 육체를 제어하고 기도할 수 있는 힘을 가지고 있는가?"라는 질문과 같다. 그 사람의 영적 깊이를 가늠하게 하기 때문이다. 그렇다면, 예수님이 베드로에게 던진 질문을 우리에게 하신다면 뭐라고 대답할 수 있겠는가?

> 너희가 나와 함께 한 시간도 이렇게 깨어 있을 수 없더냐 _마 26:40

실제로 베드로처럼 자지 않고 깨어 기도할 수 있겠는가?

기도 숙제

당신은 한 시간 기도가 가능한가? 실제로 하루에 몇 분이나 기도하는가? 아니, 기도를 시도하기는 하는가?

절대 1시간 기도 : 02

온전한 회개를
하지 못했다

한 시간 기도는 쉽지 않다. 이상하게 들릴지 모르지만, 그동안 우리는 기도하지 않는 삶에 최적화된 상태를 유지해왔다. 이것이 지금도 기도가 생소한 이유이다. 설령 기도를 시작하더라도 당장 걸리는 것이 있다. 무엇인가 기도를 방해하는 것이다. 바로 우리의 죄다. 기도의 대상이 하나님이시기 때문에, 우리의 죄가 우리의 기도를 가로막는 것이다.

> 내가 만일 마음속에 죄를 그대로 품고 있었다면 주께서 나의 부르짖는 소리를 듣지 않았을 것이다. _시 66:18 (현대인의 성경)

우리가 아무리 기도해도 하나님이 듣고 계시지 않으면 금방 피곤과 답답함을 느낄 수밖에 없다. 하나님은 죄를 품은 기도를 듣지 않으시기 때문이다. 그러므로 우리가 기도하는 대상이 하나님이란 사실을 안다면, 우리는 먼저 죄의 문제를 해결해야 한다. 죄를 해결하는 것이 기도가 잘 되는 첫 번째 요소이다.

죄 사함의 복음

죄는 복잡하다. 우선 근본적인 죄가 있다. 사망에 이르는 죄이다. 우리 힘으로는 절대로 해결할 수 없다. 이 죄를 해결하기 위하여 예수 그리스도께서 대속제물로 죽으셨다. 그래서 우리가 믿을 때 우리는 죄 사함을 받고 구원에 이른다. 우리의 힘으로는 죄를 해결할 수 없지만 예수 그리스도께서 우리의 죄를 사하신 것이다. 우리의 행위가 아니다.

> 우리는 그리스도 안에서 그의 은혜의 풍성함을 따라 그의 피로 말미암아 속량 곧 죄 사함을 받았느니라 _엡 1:7

우리가 분명히 알아야 할 것은 '죄 사함'은 주어지는 것이라는 사실이다. 우리가 노력으로 얻을 수 있는 성질의 것이 아니다. 그 권세를 얻는 길은 오로지 예수 그리스도 외에는 없다. 그래서 중풍병자를 고치실 때 주님은 죄 사함의 권세가 자신에게 있음을 알게 하시려고 이렇게 말씀하셨다.

> 인자가 땅에서 죄를 사하는 권세가 있는 줄을 너희로 알게 하리라 하시고 중풍병자에게 말씀하시되 내가 네게 이르노니 일어나 네 침상을 가지고 집으로 가라 _눅 5:24

죄 사함의 권세는 오로지 예수 그리스도께 있다. 그러므로 우리는 우리의 죄를 절대 스스로 해결할 수 없다는 것을 먼저 인식해야 한다. 엄밀하게 말하면, 믿었다고 해서 자동적으로 죄 사함이 이뤄지는 것은 아니다. 그렇다면 죄 사함은 어떻게 이뤄지는가?

온전한 회개란 무엇인가?

오순절 성령의 역사 이후 베드로가 예루살렘 광장에서 설교할 때였다. 그 놀라운 복음을 듣고 예루살렘 백성들이 소리를 질렀다. 놀랍게도 말씀을 들으면서 죄를 깨달은 것이다.

> 그들이 이 말을 듣고 마음에 찔려 베드로와 다른 사도들에게 물어 이르되 형제들아 우리가 어찌할꼬 하거늘 _행 2:37

"마음이 찔렸다." 그들 스스로 마음을 찌른 것이 아니다. 헬라어

성경은 이렇게 쓰고 있다.

아쿠산테스 데 카테닝게이산 테인 카르디안.

'아쿠산테스', '듣는다, 깨닫다'는 뜻의 '아쿠오'의 능동태 형으로 "그들이 능동적으로, (그러니까) 자발적으로 집중하여 들었다"는 뜻이다. '카테닝게이산'은 '심하게 찌르다'는 뜻의 '카타닛소'의 수동태 디포넌트 형인데, 헬라어에서 수동태 디포넌트는 다른 사람에 의해 일어난 능동적 행동을 표현할 때 쓰기 때문에, 번역하면 "마음을 예리하고 강력하게 성령께서 찔러 자발적으로 그 찔림이 강력하게 일어나"라는 뜻이 된다. 전체를 이어 풀어 번역하면 다음과 같다.

그들이 능동적으로 그러니까 자발적으로 집중하여 사도들의 말을 들을 때 마음을 예리하고 강력하게 성령께서 찔러 스스로 그 찔림이 강력하게 일어나 베드로와 다른 사도들에게 물었다. 우리가 어찌해야 합니까? _행 2:37 (하정완의 역)

이 말씀에서 알 수 있듯이, 자발적이며 능동적으로 듣는 것은 중요하고 또 놀라운 것이다. 그때 성령이 개입하시는 틈이 벌어진다. 능동적으로 기도하는 행위 자체가 자신을 무장 해제하고 성령의 개입을 요청하는 것이기 때문이다.

또 중요한 비밀이 있다. 그래도 아직 죄 사함이 이뤄지지 않았다는 사실이다. 우리가 듣고 성령이 역사하여 후회한다고 해서 죄 사함이 이뤄진 것은 아닌 것이다. 후회는 온전한 회개가 아니기 때문이다. 만일 아직 능동적으로 들은 것도 아니고, 성령이 우리 심장을 찔러 깨닫고 '어찌할꼬' 외치는 순간도 아니라면, 그 사람은 여전히 죄의 문제를 해결하지 못한 상태인지도 모른다.

드디어 마음이 찔려 '어찌할꼬'라고 외치는 사람들에게 베드로가 죄사함의 비밀을 말한다.

> 베드로가 이르되 너희가 회개하여 각각 예수 그리스도의 이름으로 세례를 받고 죄 사함을 받으라 그리하면 성령의 선물을 받으리니
> _ 행 2:38

미문의 앉은뱅이를 고친 후, 사람들이 베드로의 설교를 듣기 위해 솔로몬 행각에 모였을 때도, 베드로가 한 얘기는 같은 것이었다.

> 그러므로 너희가 회개하고 돌이켜 너희 죄 없이 함을 받으라 이같이 하면 새롭게 되는 날이 주 앞으로부터 이를 것이요 _ 행 3:19

죄 사함의 순서는 '능동적이고 적극적인 의지의 들음' 그리고 '성령의 역사로 인한 심장을 찌르는 자발적 깨달음의 반응'이 있어야 하고, 이로 인해 '강력하고 처절하게 자신의 삶을 완전히 전환하여 회개하는 것'으로 이어져야 한다. 그 다음에 '죄 사함'을 받는 것

이다.

　이같은 이해를 볼 때 회개가 매우 중요하다. 그렇다면 회개는 무엇인가? 헬라어로 '메타노에오'인데, '바꾸다'는 뜻으로 자신의 마음을 바꾸는 것을 말한다. 그때 우리는 '죄 없이 함'을 경험하고 확증하게 된다.

　다시 정리하면 '아쿠산테스' 곧 처절한 자발적 듣기가 이뤄져서 '카테넝게이산' 곧 성령의 감동으로 자발적이고 능동적인 깨달음이 일어나며, '메타노에이사테' 곧 마음을 정하고 완전히 바꾸는 내 인생의 주권 이양이 일어날 때 '죄 사함'은 이뤄지는 것이다. 그때 성령을 선물로 받는다. 성령이 죄 사함을 확증하는 것이다.

　그러므로 마음을 바꾸는 것이 우선 중요하다. 예수와 함께 십자가에 달렸던 한 강도는 그의 마음을 바꾸고 예수를 인정한다. 그의 바뀐 마음에서 나온 말은 "예수여 당신의 나라에 임하실 때에 나를 기억하소서"(눅 23:42)라는 소망이었다. 그 강도가 예수를 믿었다는 말이 나오지 않지만 예수는 그에게 즉각적 구원을 선포하였다. 마음을 바꾸는 회개가 믿음을 전제하고 있기 때문이다. 그러므로 구원의 시작은 '회개'이다. 이처럼 회개가 중요하기 때문에 예수가 사역을 시작할 때 사람들에게 요청하였던 첫 번째 메시지가 회개였다.

> 회개하라 천국이 가까이 왔느니라 _마 3:2

　또한, 이미 살핀 것처럼 제자들이 예루살렘 광장에서 외쳤던 첫 번째 메시지도 회개였고 주님이 공생애 기간에 제자들에게 전도여행을 보내면서 첫 번째로 선포하게 한 것도 회개였다.

> ⁷열두 제자를 부르사 둘씩 둘씩 보내시며 … ¹²제자들이 나가서 회개하라 전파하고_막 6:7,12

기도가 안 되는 이유

이제 기도가 안 되는 이유가 보일 것이다. 온전한 회개가 이뤄진 상태가 아니기 때문이고, 우리 안에 여전히 해결되지 않은 죄가 가득 남아 있기 때문이다. 그 상태에서 믿고, 그 상태에서 기도한다. 그래서 우리의 믿음도 기도도 힘이 없는 것이다. 회개 없는 믿음이 문제다. 전면적으로 마음을 돌이켜 그리스도에게 전환하지 않은 채 입으로만 믿는다. 야고보는 이같은 믿음은 귀신들조차 믿는 믿음이라고 지적했다.

> 네가 하나님은 한 분이신 줄을 믿느냐 잘하는도다 귀신들도 믿고 떠느니라_약 2:19

놀라운 비밀이 또 있다. 회개함으로 죄 사함을 받은 이들에게 나타나는 현상이다.

> 그러므로 너희가 회개하고 돌이켜 너희 죄 없이 함을 받으라 이같이 하면 새롭게 되는 날이 주 앞으로부터 이를 것이요 _행 3:19

회개하고 '죄 없이 함'을 받은 후에 벌어지는 것은 '새롭게 되는 날'의 경험이다. 여기서 '새롭게'로 번역된 헬라어 단어 '아납쉭시스'의 의미는 '갑자기 새로워지고 달라진 평화'란 뜻이다. 동시에 '날'로 번역된 헬라어 단어는 단순히 날짜를 가리키는 '크로노스'가 아니라 폐쇄적이고 독자적이며 정해진 날을 의미하는 '카이로스'이다. 즉 다른 날, 다른 세상이 열린다는 뜻이다.

> … 이같이 하면 '유쾌하게 되는 날'이 주 앞으로부터 이를 것이요
> _행 3:19(개역한글성경)

갑자기 유쾌한 느낌이 들 만큼 마음이 회복된다. 회개가 이뤄졌고 회개하는 이에게 죄 사함이 주어졌기 때문이다. 하나님의 영의 통치를 받는 영혼이 회복된 것이다. 마음의 평안과 자유가 생긴다. 성령께서 우리 안에 그런 즐거움을 주신 것이다. 이것을 주님은 세상이 줄 수 없는 평안이라고 말씀하셨다.

> [26]보혜사 곧 아버지께서 내 이름으로 보내실 성령 그가 너희에게 모든 것을 가르치고 내가 너희에게 말한 모든 것을 생각나게 하리라 [27]평안을 너희에게 끼치노니 곧 나의 평안을 너희에게 주노라 내가

> 너희에게 주는 것은 세상이 주는 것과 같지 아니하니라…
> _요 14:26-27

그러므로 믿지만 여전히 마음에 두려움과 걱정, 근심과 불안이 있다면 온전한 회개가 이뤄지지 않은 것일 수 있다. 아쉽게도 죄의 해결이 완벽하게 이뤄지지 않은 것이다. 이미 십자가에서 이뤄놓으신 죄 사함과 구속을 온전히 받아들이지 못한 것이다.

그러므로 온전한 회개는 기도의 절대적 조건이다. 온전한 회개 없이 철저한 죄 사함이 이루어졌다고 볼 수 없다. 당연히 하나님과의 관계도 보장할 수 없다. 동시에 우리가 기도가 안 되는 결정적 이유이다.

 기도 숙제

진심으로 기도하기 원한다면 먼저 회개가 선행되어야 한다. 무엇을 기도하기 전에 먼저 회개의 기도를 시작해야 한다. 이제부터 나의 기도의 중요한 부분은 회개의 기도여야 한다. 지금 내가 회개해야 할 죄를 적어보라.

놀랍게도 우리 안에 죄가 무한정 존재한다는 것을 보고 놀랐을지 모른다. 그래서 기도가 힘든 것이다. 그렇지만 기도하고 있다면 희망이 있다. 성령이 우리 안에 내주하고 계시다는 증거이고 내가 구원받은 증거이기 때문이다. 어떤가? 기도할 때 나는 어떤 상태인가?

절대 1시간 기도 : 03

수동적 기도를
할 줄 몰랐다

우리가 회개하고 주님을 믿을 때 우리는 죄 사함을 받고 구원에 이른다. 새로운 피조물이 된 것이다. 그렇다고 해서 우리가 거룩하고 성화에 이른 존재 곧 온전한 사람이 된 것은 아니다. 바울이 가장 괴로워했던 부분이었다.

> ¹⁸내 속 곧 내 육신에 선한 것이 거하지 아니하는 줄을 아노니 원함은 내게 있으나 선을 행하는 것은 없노라 ¹⁹내가 원하는 바 선은 행하지 아니하고 도리어 원하지 아니하는 바 악을 행하는도다_롬 7:18-19

바울에게 주님을 추구하는 마음에서 나오는 '원하는 바 선'은 지푸라기처럼 약했다. 아무리 강력한 의지를 갖고 있어도 소용없다는

Part 1 | 기도가 힘든 이유　029

것을 바울은 알았다. 바울은 이미 회개했고 구원받은 존재였지만, 그에게 내적인 힘이 없었다. 베드로도 이같은 연약함 때문에 단 한 시간도 기도할 수 없었던 것이다. 의지의 문제가 아니었다.

한 시간 기도는 작정한다고 되는 문제가 아니다. 기도할 수 있는 힘을 가진 존재가 아닌 것이 문제이다. 그렇다면 도대체 우리가 어떤 존재이기에 기도할 수 없는 것인가?

복잡한 내면의 상태

우리 내면은 예상외로 복잡하다. 우리는 우리 마음대로 할 수 없는 무엇인가에 사로잡혀 있다.

2011년 4월 아프리카 남수단으로 선교 봉사를 떠났던 어떤 여성 신자는 한 신부로부터 성폭행을 당한다. 그곳에서 그 피해자는 피할 수가 없었다. 그 신부는 심지어 여성 신자가 혼자 있는 방의 문을 따고 들어와 성폭행을 하였다. 물론 그의 성폭행은 무의식적으로 한 것이 아니라 생각하면서 한 것이었다. '그 악을 행한 그 신부'는 '그 악을 생각하며 행동한 것'이다. 그런데 그 신부가 이상한 말을 하였다고 한다.

"내가 내 몸을 어떻게 할 수 없다. 그러니까 네가 좀 이해를 해달라"(KBS 9시 뉴스, 2018년 2월 23일).

신부의 말에서 알 수 있듯이, 그는 바울처럼 악을 거절하고 있었고 선을 원하고 있었을 것이다. 하지만 선을 좇아 그 악을 거절할 수 없었다. 왜 그는 거절할 수 없었을까? 왜 그렇게 행동할 수밖에 없었던 것일까? 바울은 그 이유를 이렇게 설명했다.

> [20]만일 내가 원하지 아니하는 그것을 하면 이를 행하는 자는 내가 아니요 내 속에 거하는 죄니라 … [22]내 속사람으로는 하나님의 법을 즐거워하되 [23]내 지체 속에서 한 다른 법이 내 마음의 법과 싸워 내 지체 속에 있는 죄의 법으로 나를 사로잡는 것을 보는도다 _롬 7:20,22-23

바울은 그 이유가 '죄' 때문인 것을 알았다. 우리가 앞에서 회개와 죄 사함에 대해 살폈지만, 바울 안에는 여전히 죄가 남아 있던 것이다. 구원에 이를 수 없는 죄가 아니라, 정확하게 말해서 오랜 시간 동안 만들어진 습성 같은 것들로서 죄라 해야 옳다. 그것을 에베소서에서는 '옛사람'(old self)이라고 설명했다.

> [22]너희는 유혹의 욕심을 따라 썩어져 가는 구습을 따르는 옛 사람을 벗어 버리고 [23]오직 너희의 심령이 새롭게 되어 [24]하나님을 따라 의와 진리의 거룩함으로 지으심을 받은 새 사람을 입으라 _엡 4:22-24

여전히 욕망을 따라 움직이는 구습을 좇는 옛사람이 바울을 지배하고 있었다. 이같은 상태는 우리에게도 동일하다. 그런 까닭에 우리가 기도할지라도 그 기도 내용이 하나님의 뜻에 합당한 기도가 될 수 없다. 자기주장과 자기연민에 빠진 기도를 드리게 되는 것이다. 인간적인 기도가 되는 이유다.

우리의 문제는 이같은 내면 상태를 가지고 기도하는 것이다. 물론 기도하기를 노력하고 기도를 작정한다. 하지만 기도가 하나님과 깊은 영적 대화라는 것을 안다면, 기도는 노력하는 것이 아니란 것도 알 것이다. 기도는 자연스러운 것이어야 한다.

그러므로 여전히 습관적인 죄를 짓고 있고 여전히 묵혀둔 죄가 남아 있는 상태이며, 기도 역시 자연스러운 상태가 아니고 애써 노력하고 있다면, 우리의 심령은 깨진 상태라고 해야 옳다. 기도가 힘이 없는 이유이고 한 시간 기도가 고역이 되는 이유이다.

다윗의 침묵 기도

다윗이 그랬다. 부하 장수의 아내 밧세바를 범하고 자신의 아이를 임신하자 그 남편을 죽음에 이르게 하고 자신의 아내로 삼은 매우 부도덕한 사람이었다. 그런데 어느 날 나단 선지자가 찾아와 그 죄를 지적하였다. 그제야 다윗은 자신의 죄의 심각성을 인식하였고 자신의 무딘 영의 모습과 하나님과 관계없는 자신을 발견한다. 다윗은 자신의 정직한 영이 이미 훼손된 것을 알 수 있었다. 그가 영의 회복을 위해 기도한 이유였다.

> 하나님이여 내 속에 정한 마음을 창조하시고 내 안에 정직한 영을 새
> 롭게 하소서 _시 51:10

사실 다윗은 하나님께 구할 수 있는 존재가 아니었다. 그는 그것을 알았다. 분명 그는 지난 1년 동안 예배와 기도를 드렸겠지만, 그 기도와 찬양과 예배가 독백에 불과했다는 것을 알았다. 그동안의 예배를 하나님이 기뻐하지 않으셨다는 것도 알았다.

> 주께서는 제사를 기뻐하지 아니하시나니 그렇지 아니하면 내가 드
> 렸을 것이라 주는 번제를 기뻐하지 아니하시나이다 _시 51:16

그의 영은 더 이상 온전한 모습이 아니었다. 하나님 앞에 서 있던 '정직한 영'은 훼손되어 있었다. 다윗이 해야 할 것은 바로 영의 회복이었다. 이를 위해 그가 드린 기도는 죄를 자복하고 회개하는 기도였다.

> 무릇 나는 내 죄과를 아오니 내 죄가 항상 내 앞에 있나이다 … 주의
> 얼굴을 내 죄에서 돌이키시고 내 모든 죄악을 지워 주소서 _시 51:3,9

관건은 다시 하나님 앞에 설 수 있는 '정직한 영'의 회복이었다. 하지만 오로지 하나님만 '영'을 회복시킬 수 있다. 어떤 제사와 행위도 다윗 스스로 '정직한 영'을 회복하게 할 수 없다는 것을 알았

다. 하나님이 열어주시지 않으면 어떤 기도도 할 수 없음을 알고 있었다. 그는 어떤 말도 할 수 없었다. 그래도 그는 기도하고 있었음을 알 수 있는데, 바로 기다림의 기도, 침묵의 기도를 했던 것이다.

주여 내 입술을 열어 주소서_시 51:15

다윗이 할 수 있는 것은 번제도 제사도 찬양도 아니었다. 그가 할 수 있는 것은 아무것도 없었다. 오로지 한 가지, 하나님 앞에 자신을 드러내놓고 기다리는 것이었다. 그가 해결할 수 있는 것은 아무것도 없었다. 오로지 하나님 앞에 서는 것 외에는 없었다.

하나님께서 구하시는 제사는 상한 심령이라 하나님이여 상하고 통회하는 마음을 주께서 멸시하지 아니하시리이다_시 51:17

사실 모든 기도의 시작은 먼저 하나님의 현존 안에 거하는 것이어야 한다. 소위 '수동적인 기도'이다. 그것의 시작은 다윗처럼 주의 현존 앞에 '상한 심령'을 가지고 기다림으로, 침묵으로 서는 것이다. 치료는 오로지 그분의 뜻을 따라, 그분이 하실 수 있다. 우리가 탄원할 수는 있어도 치료할 수는 없다. 기다리는 것만이 우리가 할 수 있는 것이다. 하나님의 현존 안에서 기다리는 것, 침묵이 필요한 이유다.

성령께서 일하시도록

그렇다면 '침묵기도'는 어떻게 하는 것인가? 대표적인 수동적 기도로서 침묵한다는 것은 전적으로 성령께서 일하시도록 나를 맡기는 것이다. 바울은 "오직 너희의 심령이 새롭게 되어 하나님을 따라 의와 진리의 거룩함으로 지으심을 받은 새 사람을 입으라"(엡 4:23-24)고 말했지만, 이 말씀은 내가 나의 심령을 새롭게 할 수 있다는 뜻이 아니다. 헬라어 성경을 읽어보면 "새롭게 되어"를 수동태로 쓰고 있다. 영어성경들(KJV, NASB)도 매우 정확하게 수동태(be renewed)로 번역하고 있다. 심령이 새로워지는 것은 우리의 능력이 아니다.

실제로 마음을 새롭게 하는 것은 우리가 하는 것이 아니라 성령의 사역이다. 우리가 할 수 있는 것은 내 마음을 수동적으로 열어 주님 앞에 내어놓는 것이다. 나를 주장하고 합리화하던 모든 태도를 내려놓고 나를 해체하는 것이다. 성령이 나를 만지고 치료하시도록 말이다. 이처럼 마음을 치료하는 것의 완성은 성령이 하신다.

> 또 새 영을 너희 속에 두고 새 마음을 너희에게 주되 너희 육신에서 굳은 마음을 제거하고 부드러운 마음을 줄 것이며 _겔 36:26

성령께서 우리 마음을 치료하실 뿐만 아니라 여전히 자신의 연약함으로 힘들어하는 우리에게 하나님의 자녀라는 사실을 증언하시므로 우리에게 힘을 불어넣어 주신다.

> 너희는 다시 무서워하는 종의 영을 받지 아니하고 양자의 영을 받았으므로 우리가 아빠 아버지라고 부르짖느니라 성령이 친히 우리의 영과 더불어 우리가 하나님의 자녀인 것을 증언하시나니 _롬 8:15-16

동시에 우리를 위해 성령이 말할 수 없는 탄식으로 기도하며 도우신다. 당연히 우리가 기도할 수 있도록 도우신다.

> 이와 같이 성령도 우리의 연약함을 도우시나니 우리는 마땅히 기도할 바를 알지 못하나 오직 성령이 말할 수 없는 탄식으로 우리를 위하여 친히 간구하시느니라 _롬 8:26

이 놀라운 역사에는 예수 그리스도께서도 하나님 보좌 우편에서 우리를 위하여 기도로 참여하신다.

> 누가 정죄하리요 죽으실 뿐 아니라 다시 살아나신 이는 그리스도 예수시니 그는 하나님 우편에 계신 자요 우리를 위하여 간구하시는 자시니라 _롬 8:34

우리가 기도할 힘을 얻게 되고, 기도하기 힘들던 우리가 기도할 수 있게 되는 것이다.

성령의 통치를 기다리는 기도

거창하게 말하지 않고, 침묵기도는 성령의 온전한 통치를 기다리는 행위이다. 오로지 하나님이 일하시도록 나를 내어놓는 기도이다. 앞에서 언급한 로마서 7장에서 바울은 자신의 죄로 인해 절망적인 상황에 이른다. 죄가 바울을 이긴 것이다. 강력한 죄의 법이 그를 사로잡았다.

> [20]만일 내가 원치 아니하는 그것을 하면 이를 행하는 자가 내가 아니요 내 속에 거하는 죄니라 … [22]내 속사람으로는 하나님의 법을 즐거워하되 [23]내 지체 속에서 한 다른 법이 내 마음의 법과 싸워 내 지체 속에 있는 죄의 법으로 나를 사로잡는 것을 보는도다 _롬 7:20,22-23

그 순간 바울은 자신의 힘으로 이길 수 없다고 선언하였다. 아무 힘도 없는 무기력한 존재, '사망의 몸'이라는 인정이었다.

> 오호라 나는 곤고한 사람이로다 이 사망의 몸에서 누가 나를 건져내랴 _롬 7:24

이 절망적인 고백이 바로 이어지는 25절에서 놀라운 분위기로 바뀐다.

> 우리 주 예수 그리스도로 말미암아 하나님께 감사하리로다 그런즉
> 내 자신이 마음으로는 하나님의 법을 육신으로는 죄의 법을 섬기노
> 라_롬 7:25

이 말씀은 죄의 법에 사로잡혀 완전히 무너진 바울을 향하여 하나님께서 바울이 육체로 지은 죄를 유보하는 조치를 하셨다는 뜻이다. 바울의 마음을 보시고 육체로 지은 죄를 일단 문제 삼지 않겠다고 말씀하신 것이다. 풀어 번역하였다.

> 이렇게 육체에 져서 완전히 시체 같은 존재인 나에게도 여전히 우리
> 주 예수 그리스도의 은혜와 구속이 유효함을 주시는 하나님께 감사
> 드립니다. 심지어 여전히 내가 여전히 육체가 죄의 법 아래 놓여 죄를
> 범하고 살아가지만 내 마음은 하나님의 법을 따르며 싸우고 있다는
> 것을 인정하고 받아들여주시니 말입니다. 이것을 어떻게 감사드려
> 야 하는 것입니까?_롬 7:25(하정완의 역)

도대체 무슨 일이 있었던 것일까? 우리는 24절의 절망에서 25절의 희망으로 바뀐 것에 주의해야 한다. 분명 바울은 24절을 고백한 후 어떤 기도도 할 수 없었을 것이다. 그저 주님의 처분만 기다리는 상황이었을 것이다. 그때 바울은 자신을 해체하고 하나님 앞에 다 내어놓았을 것이다. 침묵으로 드린 수동적 기도이다. 나를 내려놓고 오로지 하나님만 기다리는 침묵으로 들어섰던 것이다. 그때 하

나님이 일하신 것이다. 그 놀라운 하나님의 개입이 24절과 25절 사이에 있었음을 알 수 있다. 침묵으로 기다리는 바울에게 임한 하나님의 만지심이었다.

우리는 능동적으로 기도해야 한다. 하지만 이미 살핀 것처럼 상한 심령을 가진 우리에게 필요한 또 다른 기도가 바로 이 침묵기도이다. 능동적 기도로서의 통성기도와 함께 수동적 기도로서의 침묵기도를 배워야 하는 이유이다.

> 침묵기도는 무의식 같은 침묵이 아닙니다. 깨어 있는 상태이고, 집중된 상태입니다. 분명하게 나를 의식하고 하나님의 현존 앞에 내려놓는 것입니다. 그것이 침묵기도입니다.
> _하정완, 《21일 침묵기도 연습하기》, 생명의말씀사, 66

기도 숙제

침묵은 기다리는 것이다. 어쩌면 완벽한 기도일지 모른다. 하나님이 임재하셔서 개입하시고 말씀하시기를 기다리는 전적 의존의 표현이기 때문이다. 침묵기도를 배우기를 권면한다.

절대 1시간 기도 : 04

영이 몸의 행실을
어떻게 죽이는가?

　　　　　　　　　수동적 기도의 방법으로서 침묵기도가 중요한 것은 바울이 고백한 것처럼 죄가 우리 내면을 지배하고 있기 때문이다. 그러므로 수동적 기도로서 침묵기도가 내면의 죄를 흘려보내고 마음과 생각을 현저하게 안정시킬 수 있다. 그런데 문제는 기술적으로 금방 배울 수 있는 것이 아니라는 것이다. 우리라는 존재가 오랜 시간에 걸쳐 만들어진 까닭에 오랜 시간의 수련이 필요하다. 앞에서 언급한 것처럼 우리 의지의 문제가 아니다.

죄의 법에 사로잡힌 존재

우리는 오랜 시간 동안 만들어진 존재, "유혹의 욕심을 따라 썩어져 가는 구습을 따르는 옛사람"(엡 4:22)이다. 여기서 '유혹의 욕심'은 바로 생각과 감정의 부분인데, 오랜 시간 동안 경험하며 형성된 것이다. 그것은 우리의 의지를 넘어선다.

더 큰 문제는 육체다. 곧 '옛사람'이다. 옛사람은 그동안 형성된 감정과 생각을 따라 행동한다. 바울이 고백한 것처럼 반드시 그렇게 행동한다. 이것이 육체, 곧 몸의 문제이다. 몸에 새겨진 것이다.

> ¹⁸내 속 곧 내 육신에 선한 것이 거하지 아니하는 줄을 아노니 원함은 내게 있으나 선을 행하는 것은 없노라 ¹⁹내가 원하는 바 선은 행하지 아니하고 도리어 원하지 아니하는 바 악을 행하는도다 _롬 7:18-19

육신 곧 몸은 생각을 따라 충실히 움직인다. 정확히 말해서 몸이 스스로 움직이는 어떤 자동 시스템을 갖고 있는 것이다. 바울은 그것을 '죄의 법'이라고 표현했다.

> ²²내 속사람으로는 하나님의 법을 즐거워하되 ²³내 지체 속에서 한 다른 법이 내 마음의 법과 싸워 내 지체 속에 있는 죄의 법으로 나를 사로잡는 것을 보는도다 _롬 7:22-23

생각과 몸이 연결되어 있지만 놀랍게도 몸이 생각보다 강하다. 몸이 생각에 영향을 받지만, 반대로 생각이 몸의 영향을 받기도 한다는 뜻이다. 그런 까닭에 몸의 훈련은 매우 중요한 영성개발의 영역이 된다. 우리의 문제는 생각의 문제를 넘어 몸의 문제이기 때문이다.

기도는 분명히 영적인 일이지만 육체가 하는 것이다. 베드로가 기도하고 싶었던 마음, 곧 영의 소원은 육체의 욕망에 의해 완전히 묵살되었다. 우리의 문제도 이 지점에 있다. 기도하고 싶지만 육체가 문제다.

바울의 고민도 마찬가지였다. 선한 것을 추구하지만 선한 것을 행하지 못하는 자신이 괴로웠다. 그 이유는 본래적인 그의 선한 갈망을 지킬만한 힘이 바울의 육체에는 없었기 때문이다. 그래서 바울은 복음에 참여하며 마지막까지 경주하는 것의 초점을 몸의 훈련에 두었다. 몸이 문제라는 것을 알았던 것이다.

> ^{26}그러므로 나는 달음질하기를 향방 없는 것 같이 아니하고 싸우기를 허공을 치는 것 같이 아니하며 ^{27}내가 내 몸을 쳐 복종하게 함은 내가 남에게 전파한 후에 자신이 도리어 버림을 당할까 두려워함이로다 _고전 9:26-27

"내 몸을 쳐서 복종하게 하다." 이 일은 간단한 노력으로 이뤄지지 않는다. 개역성경에서는 "내 몸을 쳐서"로 번역하였는데, 여기에 쓰인 단어 '휘포피아조'의 의미는 '멍이 들도록 때리다', '견딜 수 없는 괴로움을 주다', '학대하여 지치게 하다' 등이다. 더 이상 감정이 반응할 수 없도록, 내 육체가 더 이상 자신의 기득권을 주장하지 못할 만큼 처절하게 자신의 겉사람을 부수는 시도를 말한다. 공동번역이 그 뉘앙스를 잘 살려서 "내 몸을 사정없이 단련하여"로 번역하였다.

좀 더 주의해야 할 것은 27절 말씀인데, 개역성경은 그냥 밋밋하게 "내가 내 몸을 쳐 복종하게 함은"이라고 번역하면서 헬라어 성경에 있는 접속사 '알라', 곧 'but'이란 의미의 단어를 해석하지 않았다. 일반적으로 많이 쓰는 의미인 '그러나'로 번역하면 문장이 약간 어색해지기 때문이었던 것으로 보인다. 하지만 그 단어가 단순히 '그러나'만이 아니라 강한 부정의 의미가 내포되었다는 것을 간과한 것이다. 이같은 강한 부정의 뉘앙스를 잘 살려서 번역한 성경이 NIV이다. NIV는 '그러나' 대신에 'No'(아니다)로 번역하였지만, 뉘앙스 상 강하게 힘을 주면 '절대로 그럴 수 없습니다'로 번역하는 것이 적절하다. 그렇다면 무엇을 절대로 그럴 수 없다는 것인가? 이를 알기 위해 바로 앞 구절인 26절을 자세히 읽을 필요가 있는데, 이해하기 쉽게 필자가 다시 번역하였다.

> 그러므로 나는 방향도 모른 채 불분명하게 경주하지도 않으며 마치 방향을 잃은 채 허공에 주먹을 날리는 것 같은 어리석음을 범하고 싶지 않습니다. _고전 9:26(하정완의 역)

이어서 '알라' 곧 '절대로 그럴 수 없습니다'로 이어진다. 무엇을 절대로 그럴 수 없는지, 27절에 그 이유가 나왔다. 바로 '몸'이다. 로마서 7장에서 그토록 피력하였던 신뢰할 수 없는 육체를 가진 나, 원하는 바 선은 행하지 아니하고 악을 행하는 나, 괴물 같은 몸이다. 26절과 27절을 이어서 전체를 번역하면 다음과 같다.

> 그러므로 나는 방향도 모른 채 불분명하게 경주하지도 않으며 마치 방향을 잃은 채 허공에 주먹을 날리는 것 같은 어리석음을 범하고 싶지 않습니다. 절대로 그럴 수 없습니다. 내가 내 몸을 사정없이 두들겨 패서라도 내 몸을 내 마음대로 움직일 수 있도록, 나의 영적인 의지의 노예처럼 자유롭게 쓸 수 있도록 하려고 몸부림치는 이유가 있습니다. 생각해보십시오. 내가 다른 사람들에게 멋있게 복음을 전하였고 사람들은 열광하며 복음을 받아들였습니다. 그들 모두 그 복음의 신비 가운데서 구원의 목표에 이릅니다. 그런데 어이없게도 나는 내가 전한 복음의 기준대로 살지 않으므로 자격미달이 되어 탈락하는 것입니다. 그것이 나는 두렵습니다. _고전 9:26-27(하정완의 역)

육체의 훈련이 필요하다

실제로 몸의 복종이 이뤄지는 몸의 훈련 없이 자유롭게 기도하는 사람이 되는 것은 불가능하다. 그러므로 몸, 곧 육체대로 살지 않는 훈련이 필요하다. 당연히 성령의 뜻을 좇아 사는 육체를 훈련하는 것이다. 이같은 육체의 수련은 영적인 깊이를 더할 것이다.

하지만 아직 우리 몸은 영의 통치를 받기보다 육체적인 욕망과 오랜 날 동안 만들어진 습성에 의해 움직인다. 베드로나 바울에게서 보듯이 아무리 다짐해도, 또한 영적인 욕구가 있어도 해결할 수 없는 육체의 강력함이 있기 때문이다. 이같은 상태는 위험하다.

> 너희가 육신대로 살면 반드시 죽을 것이로되 영으로써 몸의 행실을 죽이면 살리니 _롬 8:13

"영으로써 몸의 행실을 죽인다." 이를 위해서 우리는 영의 생각을 좇아 몸을 다스리는 훈련을 해야 한다. 그것이 '거룩한 습관'이다.

이스라엘이 바벨론의 포로로 잡혀 있을 때 다니엘은 늘 하루 세 번씩 예루살렘을 향하여 하나님께 기도하였다. 무슨 변화가 있는 특별한 기도가 아니었다. 그 기도가 이스라엘의 포로생활을 단축시키는 일도 아니었고, 예루살렘 성전이 회복되는 능력의 기도도 아니었다. 그냥 매우 일상적인 기도생활이었다. 하지만 그 기도는 특별한 기도였다. 위기가 오자 특별하다는 것이 드러난다.

어느 날 다니엘을 시기한 무리들이 신격화된 왕, 다리오에게만 30일간 기도하게 하는 금령을 만들 것을 요청하였다. 어길 경우 형벌은 사자굴에 던져지는 것이었는데, 다리오 왕은 그것을 받아들였다. 그런데 다니엘은 금령을 받은 뒤에도 동일하게 "전에 행하던 대로"(단 6:10) 하루 세 번씩 기도를 하였다.

> 다니엘이 이 조서에 왕의 도장이 찍힌 것을 알고도 자기 집에 돌아가서는 윗방에 올라가 예루살렘으로 향한 창문을 열고 전에 하던 대로 하루 세 번씩 무릎을 꿇고 기도하며 그의 하나님께 감사하였더라
> _단 6:10

다니엘은 외국인 신분이었고, 추상같은 왕의 금령이었지만 조금도 자세가 흐트러지지 않았다. 그의 기도는 자연스러웠다. 이미 기도가 그의 일상이 된 것이다. 영의 생각을 좇아 몸이 사는 것이 생활화된 것이다. 몸에 영의 생각이 새겨진 것이다.

이처럼 몸이 인식하도록 하기 위해 기도는 생활화되어야 한다. 당연히 몸의 습관적인 훈련이 필요하지만 마음의 훈련도 같이 이뤄져야 한다. 마음과 몸이 같이 훈련해야 하는 것이다.

먼저 침묵기도와 같은 수동적 기도는 오랜 시간 동안 만들어진 옛사람의 생각과 감정의 프로그램을 제거하는 훈련이다. 동시에 시간과 노력을 들여 몸이 하는 능동적 기도는 몸이 기도를 기억하게 하는 훈련이다. 이처럼 육신의 생각은 침묵기도로 부정하고 영의 생각을 좇아 기도하는 훈련을 계속해야 한다. 마음과 몸에 온전히 새겨질 때까지 말이다. 영이 원하면 기도하는 존재, 곧 "영으로써 몸의 행실을 죽이는" 영적인 사람이 될 때까지 말이다.

 기도 숙제

기도하고 싶어지고 그때마다 기도가 된다면 영이 살아있는 것이다. 그때 드리는 기도는 영적인 능력을 나타낼 것이다. 자신에게 물어보라. 기도하고 싶을 때 기도할 수 있는가?

절대 1시간 기도 2부

먼저 듣고 기도하라
기도하고 행동하라
기도는 기적이다

Part 2

기도 능력의 원천

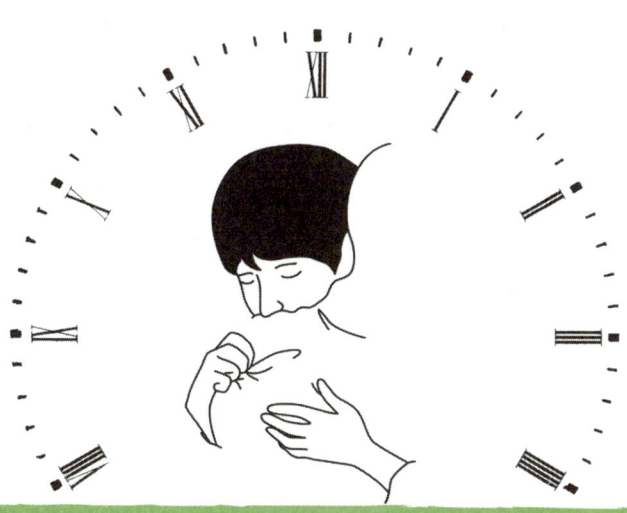

절대 1시간 기도 : 05

먼저 듣고
기도하라

기도는 우리가 일방적으로 간구하는 것이 아니다. 반드시 들은 것을 토대로 기도해야 한다. 남 유다가 멸망 앞에 있을 때였다. 멸망은 그들의 현저한 죄 때문이었다. 하지만 유다는 요행을 기대했고, 고통과 어려움을 피하고 스스로의 죄에 눈을 감았다. 심판이 없을 것이라고 예언하는 거짓 선지자들의 말 듣기를 좋아하였다. 하지만 그들의 멸망은 돌이킬 수 없는 상황이었다. 반면에 하나님의 마음, 이스라엘을 사랑하는 마음을 분명하게 알았던 예레미야는 빨리 잘못을 시인하고 징계를 받자고 권면하였다.

¹⁰여호와께서 이와 같이 말씀하시니라 바벨론에서 칠십 년이 차면 내가 너희를 돌보고 나의 선한 말을 너희에게 성취하여 너희를 이곳으

> 로 돌아오게 하리라 ¹¹여호와의 말씀이니라 너희를 향한 나의 생각을 내가 아나니 평안이요 재앙이 아니니라 너희에게 미래와 희망을 주는 것이니라 _렘 29:10-11

지금은 심판을 모면하기 위해 기도할 때가 아니라 회개하고 잘못에 대한 대가를 지불하겠다고 나서야 하는 시간임을 예레미야는 안 것이다. 다른 거짓 선지자들과 달리 예레미야가 이렇게 기도할 수 있었던 것은 하나님의 마음을 알고 있었기 때문이다.

하나님께서 아신다

기도의 깊이는 말씀이 들리는 것과 관계있을 수밖에 없다. 그런 까닭에 말씀묵상이 중요하다. 하지만 하나님의 음성이 들리지 않는 영적 상태가 문제다. 그러므로 먼저 내면의 더러움과 소란스러움을 잠잠하게 하는 훈련이 필요하다. 능동적인 기도와 함께 수동적 기도인 침묵기도가 필요한 이유다.

내면이 정리된 만큼 하나님의 음성을 듣는 것은 쉬어진다. 이를 위해 먼저 말씀을 깊이 읽고 묵상하는 훈련이 반드시 필요하다. 그때 우리는 하나님의 음성을 들을 가능성이 열린다. 이처럼 들을 때 우리는 주님을 따를 수 있고 주님이 인도하시는 방향을 따라 살 수 있다.

> ³…양은 그의 음성을 듣나니 그가 자기 양의 이름을 각각 불러 인도하여 내느니라 ⁴자기 양을 다 내놓은 후에 앞서 가면 양들이 그의 음성을 아는 고로 따라오되 ⁵타인의 음성은 알지 못하는 고로 타인을 따르지 아니하고 도리어 도망하느니라 _요 10:3-5

듣고 따라야 한다. 이를 위해 언제나 기도보다 앞서 있어야 하는 것이 하나님의 뜻을 헤아리는 것, 말씀을 듣는 것이다. 그런데 하나님의 뜻을 알지 못하는 까닭에 이것저것을 계속 구한다. 많이 말해야 들으실 줄 알고 이방신에게 구하는 태도로 기도하는 것이다. 주님이 말씀하셨듯이, 우리가 구하지 않아도 주님은 우리에게 있어야 할 것을 알고 계시다는 사실을 놓친 것이다.

> ⁷또 기도할 때에 이방인과 같이 중언부언하지 말라 그들은 말을 많이 하여야 들으실 줄 생각하느니라 ⁸그러므로 그들을 본받지 말라 구하기 전에 너희에게 있어야 할 것을 하나님 너희 아버지께서 아시느니라 _마 6:7-8

뿐만 아니라 자기 자신의 문제에 집착한다. 이것은 하나님을 아버지처럼 여기지 않는 불신앙 때문이다. 이것 역시 이방신에게 구하는 방식이라고 주님은 말씀하셨다.

> ³¹그러므로 염려하여 이르기를 무엇을 먹을까 무엇을 마실까 무엇을

> 입을까 하지 말라 ³²이는 다 이방인들이 구하는 것이라 너희 하늘 아
> 버지께서 이 모든 것이 너희에게 있어야 할 줄을 아시느니라
> _마 6:31-32

잊지 말아야 할 것은 하나님 아버지께서 아신다는 사실이다. 우리가 이 사실을 안다면, 우리의 기도 내용과 질은 바뀐다. 그래서 주님은 '아신다'는 말씀에 이어 주님이 원하시는 기도를 말씀하신 것이다.

> 그런즉 너희는 먼저 그의 나라와 그의 의를 구하라 그리하면 이 모든
> 것을 너희에게 더하시리라 _마 6:33

이같이 하나님 나라와 의에 초점을 둔 기도를 하게 되는 것은 하나님의 마음과 뜻을 알기 때문이다. 기도가 성숙해진 것이다. 그러므로 잊지 말아야 한다. 무조건 기도를 길게 해야 좋은 것이 아니라 예레미야처럼 하나님의 마음을 헤아리는 것이 중요하다.

기도는 듣기다

듣지 못하는 상태에서 드리는 기도는 우리 삶을 엉망으로 이끌 수 있고, 무엇보다 듣지 못한다는 것은 우리가 주님과 관계없는 존재

란 뜻일 수도 있다.

> 내 양은 내 음성을 들으며 나는 그들을 알며 그들은 나를 따르느니라
> _요 10:27

정말로 들리지 않는다면 우리는 주님의 양이 아닐지도 모른다. 그런데 늘 엉뚱한 결정을 하고 엉뚱한 길로 가며, 자기 마음대로 계속 떼를 쓰고 말하면서 그것이 잘 드린 기도라고 생각한다. 이 얼마나 어이없는 일인가? 이것은 주님을 믿는 것이 아니라 자기 편의에 따라 자기 소원만 말하는 존재로 사는 모습이다.

> ²⁵예수께서 대답하시되 내가 너희에게 말하였으되 믿지 아니하는도다 내가 내 아버지의 이름으로 행하는 일들이 나를 증거하는 것이거늘 ²⁶너희가 내 양이 아니므로 믿지 아니하는도다 ²⁷내 양은 내 음성을 들으며 나는 그들을 알며 그들은 나를 따르느니라 _요 10:25-27

그러므로 언제나 하나님의 말씀에 귀를 기울이고 경청하는 습관을 들여야 한다. 무엇을 간구하는 것보다 듣는 것이 먼저이다. 그런 의미에서 기도는 듣기다. 그때 우리가 구해야 할 기도가 보일 것이다. 당연히 하나님의 뜻이 보인다. 그때 우리는 비로소 내가 책임을 지고 기도해야 할 내용을 알게 된다.

앞에서 살핀 것처럼 선지자 예레미야는 하나님의 뜻을 알았다.

그의 기도는 하나님의 뜻에 기초한 기도였다. 그래서 그의 기도는 정확할 수밖에 없었고 그의 예언과 말씀 선포는 분명할 수밖에 없었다.

하지만 이같은 예레미야의 예언을 귀찮게 여기던 남 유다의 마지막 왕 시드기야는 물이 없는 진흙 구덩이를 파고 예레미야를 그 속에 집어넣어 굶겨 죽이려 하였다(렘 38:6). 하지만 그 절망적 상황에서도 예레미야는 자신을 위해 기도할 수 없었다. 멸망당하는 이스라엘을 바라보면서 기도하였다. 중보기도만이 그가 할 수 있는 기도였다. 절정의 기도였다.

그러므로 주님이 말씀하신 '하나님 나라와 의'를 구하는 기도는 하나님의 뜻을 알고 하나님의 음성이 들려야 가능한 기도다. 그때 우리의 기도는 흉내나 의무로 하는 기도가 아니라 진심으로 하나님 나라와 의를 위한 기도, 온전한 기도가 되는 것이다.

기도 숙제

기도의 깊이는 침묵기도와 말씀의 깊이에 달려 있음을 잊지 말고 게을리하지 말아야 한다. 그리고 하나님의 음성이 들리면 바로 기도하는 것을 시도해야 한다. 그동안 나의 태도는 어떠했는가?

절대 1시간 기도 : 06

기도하고
행동하라

내 양은 내 음성을 들으며 나는 그들을 알며 그들은 나를 따르느니라 _요 10:27

주인에게 속한 양은 주인의 말을 듣는다. 주인과 함께 살아온 날 동안 익숙해진 주인의 음성이기 때문이다. 그러므로 예수님이 우리의 주님이라면 우리도 그 목소리를 분간해야 옳다. 그런데 잘 듣지 못한다.

하나님 음성 듣기가 희귀해진 이유

주님의 음성이 들리지 않는 가장 큰 이유는 우리가 주님과 관계없는 존재이기 때문일 수 있다. 물론 다른 가능성도 있다. 예수를 주로 고백하는 것이 분명하고 마음에 확증이 있는데도 들리지 않는다면 '경험의 부족' 때문일 수도 있다. 사무엘이 그런 경험을 하였다.

사무엘이 엘리 제사장과 함께 있을 때였다. 사무엘은 엘리 제사장과 같이 하나님의 전 안에서 자고 있었다. 그런데 하나님이 사무엘을 부르셨다. 하지만 사무엘은 하나님이 부르신 것을 들었지만 알아채지 못하였다.

> ⁴여호와께서 사무엘을 부르시는지라 그가 대답하되 내가 여기 있나이다 하고 ⁵엘리에게로 달려가서 이르되 당신이 나를 부르셨기로 내가 여기 있나이다 하니 그가 이르되 나는 부르지 아니하였으니 다시 누우라 하는지라_삼상 3:4-5

하나님이 부르셨지만 사무엘은 엘리 제사장이 부른 줄 알고 엘리에게 뛰어가는 것을 세 번이나 반복하였다. 그런 사무엘을 보면서 엘리 제사장이 먼저 하나님이 부르신 것임을 알았다. 엘리는 사무엘에게 그것을 환기시켰다. 그 다음에야 사무엘은 하나님의 음성에 반응할 수 있었다. 하나님의 음성을 듣는 훈련이 필요했던 것이다.

이처럼 훈련이 중요하다. 하지만 더 중요한 것은 성숙이다. 성숙하면 쉽게 들린다. 예를 들어 아버지가 아들에게 요즈음 집안 형편 이야기를 꺼냈다. 어머니는 위험한 수술을 앞두고 있고, 아버지는 사업이 힘들어서 재정을 줄여야 하는 입장 등을 얘기하였다. 그런데 아들은 아버지 말을 알아듣지 못했다. 오히려 고집을 부리고 떼를 쓰기까지 하였다. 이유는 간단했다. 아직 그 상황이 잘 이해되지 않는 6살짜리 아들이었기 때문이다. 미성숙이 들을 수 없게 한 것이다. 들어도 모르는 이유였다.

성숙하지 않으면 들리지 않는다. 하나님이 말씀하셔도 그 뜻을 깨닫지 못한다. 성경에 가득한 하나님의 계획들을 도무지 인식할 수 없다. 그러나 성숙의 길로 들어서면 하나님의 음성이 들리기 시작한다.

그렇다면 성숙하면 다 된 것일까? 그렇지 않다. 그때 오히려 더 주의해야 한다. 그래야 계속 들린다. 예를 들어 어떤 아버지에게 두 아들이 있다고 하자. 아버지는 늘 큰아들에게 먼저 심부름을 시켰다. 그런데 듣기는 해도 따르지 않기를 반복했다. 두말할 것도 없이 아버지는 큰아들에게 부탁하지 않고 다른 방도를 찾을 것이다. 그 때부터 아들은 아버지의 음성을 듣는 일조차 희귀해진다. 이것이 우리가 하나님의 음성을 듣는 것이 희귀해진 이유다.

과거 언제는 들은 것 같은데 지금 들리지 않는 이유는 행하지 않았기 때문이다. 그래서 더 이상 하나님이 말씀하시지 않는 것일 수 있다. '철없고 버릇없는 크리스천'이어서 그렇다. 그 결과 무뎌진 상태로 정체된다. 급기야 들어도 듣지 못하는 상황에 이른다.

> 여호와께서 이르시되 가서 이 백성에게 이르기를 너희가 듣기는 들어도 깨닫지 못할 것이요 보기는 보아도 알지 못하리라 하여 _사 6:9

하나님만 말씀하시는 경우가 발생한 것이다.

> 이스라엘에 대하여 이르되 순종하지 아니하고 거슬러 말하는 백성에게 내가 종일 내 손을 벌렸노라 하였느니라 _롬 10:21

우리는 음성이 들리면 바로 행동해야 한다. 평상적 삶에서 그같은 삶의 방식은 생활화되어야 한다. 하나님께서는 자신의 음성을 듣는 사람을 통하여 일하시기 때문이다. 심지어 들을 수 있는 자에게만 말씀하신다. 어차피 다른 이들은 들을 수 없거나 듣지 않는 삶을 살기 때문이다.

기도한 만큼 행동한다

모세는 호렙산 불타는 떨기나무 가운데 임하신 하나님을 만난 이래(출 3:4) 애굽에서의 열 번의 재앙과 출애굽 사건까지 하나님의 음성에 청종하는 삶을 살았다. 그리고 홍해 앞에 섰을 때였다. 늘 하나님과 영적 교제를 갖고 있었던 모세는 하나님의 음성을 들었고, 그 음성을 좇아 두려워하는 이스라엘 백성에게 명령하였다.

> ¹³모세가 백성에게 이르되 너희는 두려워하지 말고 가만히 서서 여호와께서 오늘 너희를 위하여 행하시는 구원을 보라 너희가 오늘 본 애굽 사람을 영원히 다시 보지 아니하리라 ¹⁴여호와께서 너희를 위하여 싸우시리니 너희는 가만히 있을지니라 _출 14:13-14

그런데 이상한 일이 벌어졌다. 하나님이 모세를 꾸짖으셨다. 그것도 기도하는 것을 나무라신 것이다.

> ¹⁵여호와께서 모세에게 이르시되 너는 어찌하여 내게 부르짖느냐 이스라엘 자손에게 명령하여 앞으로 나아가게 하고 ¹⁶지팡이를 들고 손을 바다 위로 내밀어 그것이 갈라지게 하라 이스라엘 자손이 바다 가운데서 마른 땅으로 행하리라 _출 14:15-16

모세가 이스라엘 백성에게 말한 것에서 짐작할 수 있듯이, 하나님은 이미 모세에게 말씀하셨다. 그러므로 모세는 지금 행동해야 했다. 그런데 정작 모세는 여전히 기도하고 있었다. 그때 하나님은 그의 기도를 꾸짖으시며 행동을 요구하셨던 것이다.

모세가 그같은 태도를 취한 것은 분명 두려웠기 때문이었을 것이다. 그것이 기도하는 모습으로 나타났던 것이다. 아쉽게도 이때 모세의 기도는 회피에 지나지 않았다. 모세는 행동해야 했다. 우리도 언제나 기도하고 응답이 들리면 그 응답을 좇아 행동해야 한다. 기도한 만큼 행동하고 말씀을 들은 대로 살아야 한다.

오늘 시대의 위기는 기도하는 사람이 적어진 것도 문제이지만, 기도한 대로 행동하지 않는 것에 있다. 그 말은 이 세상에 벌어지는 수많은 문제들 앞에서 하나님이 말씀하시지만 그 말씀을 들을 귀가 있는 사람이 없다는 뜻이다. 설령 말씀하시더라도 그 말씀을 따라 행동하는 사람이 없다는 뜻이다.

기도 숙제

들리면 반드시 행동해야 한다. 그래야 우리의 기도는 진실로 기도다운 기도가 될 것이다. 그런 점에서 최근에 들은 주님의 말씀은 무엇이고 그에 대한 나의 반응으로 드렸던 기도는 무슨 내용이었는가? 어떻게 결정했고 어떻게 행동하였는가?

_____
_____
_____

절대 1시간 기도 : 07

기도는
기적이다

　　　　　　기도는 놀라운 기적이다. 한 사람의 기도 때문에 민족이 죄로 말미암아 멸망당하지 않으며, 기도하기 때문에 죽을 자가 생명을 얻으며, 기도하기 때문에 죄가 사해지기 때문이다.

　　여호와께서 뜻을 돌이키사 말씀하신 화를 그 백성에게 내리지 아니하시니라_출 32:14

　　믿음의 기도는 병든 자를 구원하리니 주께서 그를 일으키시리라 혹시 죄를 범하였을지라도 사하심을 받으리라_약 5:15

이같은 능력의 기도가 우리 기도의 목표이다. 크리스천이 이룰 수 있는 실제적 능력이기 때문이다. 하나님과 깊은 친밀함의 관계를 쌓아가는 어느 날, 우리는 하나님이 우리의 기도를 들으실 만한 무게를 가진 존재가 될 것이다. 분명하다. 그때 우리의 기도는 기적이 된다.

의지가 필요하다

분명히 기도는 놀랍고 위대하지만, 우리의 기도가 이같이 깊은 단계에 이르지 못한 것에서 알 수 있듯이, 기도는 쉽지 않다. 평범하게 기도할 수는 있어도 특별하지 않기 때문이다. 기도는 성령의 도우심이 있어야 온전해진다. 우리의 의지만 가지고 기도가 온전해질 수 없다. 이것은 노력의 문제가 아니다.

> 이와 같이 성령도 우리의 연약함을 도우시나니 우리는 마땅히 기도할 바를 알지 못하나 오직 성령이 말할 수 없는 탄식으로 우리를 위하여 친히 간구하시느니라 _롬 8:26

동시에 기도는 우리의 의지가 필요하다. 간절한 절규와 같은 추구가 필요하다.

¹²너희가 내게 부르짖으며 내게 와서 기도하면 내가 너희들의 기도를 들을 것이요 ¹³너희가 온 마음으로 나를 구하면 나를 찾을 것이요 나를 만나리라 _렘 29:12-13

이처럼 우리의 의지와 노력으로 주님을 좌우할 수는 없지만, 우리의 간절함과 전심을 보시고 성령은 우리의 기도를 도우신다. 그때 우리의 간절함의 추구와 성령의 도우심으로 우리의 기도는 온전한 기도가 된다. 사람을 살리고 민족을 살리며, 심지어 죄를 사함받도록 중보하는 권세조차 누리게 되는 것이다. 이제 우리가 해야 할 일은 기도다.

새로운 삶의 방식

어떤 사람이 바울에게 이렇게 물었던 것 같다.

"온통 걱정과 근심거리가 가득 차서 기도하기 힘든데 어떻게 하면 좋겠습니까?"

그때 바울이 대답하였다.

⁴주 안에서 항상 기뻐하라 내가 다시 말하노니 기뻐하라 ⁵너희 관용을 모든 사람에게 알게 하라 주께서 가까우시니라 ⁶아무 것도 염려하지 말고 다만 모든 일에 기도와 간구로, 너희 구할 것을 감사함으로

하나님께 아뢰라 ⁷그리하면 모든 지각에 뛰어난 하나님의 평강이 그리스도 예수 안에서 너희 마음과 생각을 지키시리라_빌 4:4-7

이 말은 정말 어이없는 답변으로 들릴 수도 있다. 더욱이 기뻐하라는 말은 자기 형편을 전혀 모르는 답답한 대답처럼 느껴질지도 모른다. 화가 날지도 모른다. 하지만 그때 화를 내거나 불평하지 않고 기뻐하며 기도하는 것이 우리의 '절대 1시간 기도 수련'의 목표다. 하나님이 살아계시기 때문이고 우리 기도를 통해 하나님이 역사하실 것이기 때문이다.

물론 아직은 어떤 상황에도 기도할 수 있는 힘이 없을지 모른다. 그래도 기도는 멈추지 말아야 한다. 우리의 형질이 바뀔 때까지 추구해야 한다.

1999년 12월 26일, 나는 한 세숫대야의 피를 토하고 쓰러졌다. 위암이었다. 위 전체를 절제하는 수술을 받아야 했다. 그때부터 나는 전혀 다른 삶을 살아야 했다. 병원 측에서 요구한 것이기도 했다. 지금까지 살아온 생활습관과 식습관은 암이 재발할 가능성을 높이기 때문이었다. 무척 고통스럽고 어려운 일이었지만 그것만이 사는 길이었다. 그 고통과 인내의 시간이 십수년 지나면서 놀랍게도 예전에 살던 삶의 방식이 바뀌게 되었다. 새로운 존재 방식에 적응된 것이다.

우리의 기도 역시 이와 같이 진행된다. 우리는 원래 죄된 존재이기에 처음부터 기도가 즐겁지는 않다. 어쩌면 힘들고 고통스러울 것이다. 하지만 쉬지 않고 추구하면 어느 날 자신에게 익숙하게 되고, 다니엘의 경우처럼 당연한 삶의 방식이 될 것이다. 무엇보다 하나님과 깊은 영적 관계를 맺은 존재가 될 때 우리의 기도는 놀랍고 특별한 기도로 변화된다. 주님이 말씀하신 것처럼 "너희가 내 안에 거하고 내 말이 너희 안에 거한" 상태의 기도, 곧 주님의 마음과 뜻과 일치한 기도가 되기 때문이다. 그러면 기적을 경험할 것이다.

> 그를 향하여 우리가 가진 바 담대함이 이것이니 그의 뜻대로 무엇을 구하면 들으심이라 _요일 5:14

구하면 주신다

주님의 말씀을 한 마디로 요약하면 "구하면 주신다"이다. 하지만 실제로 우리에게 이같은 일이 잘 일어나지 않는다. 주님은 그 이유를 이렇게 설명하셨다.

> 너희가 내 안에 거하고 내 말이 너희 안에 거하면 무엇이든지 원하는 대로 구하라 그리하면 이루리라 _요 15:7

"무엇이든지 원하는 대로 구하면 이루어진다"는 것은 사실이지만 주님이 이런 전제를 말씀하셨다. "너희가 내 안에 거하고 내 말이 너희 안에 거하면"이란 조건절이 성취되어야 한다.

그러므로 내가 무엇을 구하는 것보다 우리가 먼저 주님과 일치되어야 한다. 그런데 우리는 이 조건절이 성취되지 않은 상태에서 자신이 원하는 것을 구한다. 처음부터 기도가 응답될 수 없는 조건을 갖고 있는 것이다. 그러므로 무엇을 구체적으로 구하는 것보다 먼저 하나님과의 일치, 곧 영적 성숙에 이르는 일을 늘 추구해야 한다.

사실 주님은 우리가 그토록 애타게 구하는 삶의 문제는 구하지 않아도 된다고 말씀하셨다. 우리가 하나님의 자녀이기 때문이고 당연히 우리에게 필요한 것을 아시기 때문이라고 하셨다.

> [31]그러므로 염려하여 이르기를 무엇을 먹을까 무엇을 마실까 무엇을 입을까 하지 말라 [32]이는 다 이방인들이 구하는 것이라 너희 하늘 아버지께서 이 모든 것이 너희에게 있어야 할 줄을 아시느니라
> _마 6:31-32

하나님께서 모든 것을 다 아신다. 그래서 주님은 언제나 위의 기도처럼 우리의 기도가 개인적인 문제로 흐르는 것을 아시고 이같이 기도할 것을 말씀하셨다.

> 그런즉 너희는 먼저 그의 나라와 그의 의를 구하라 그리하면 이 모든 것을 너희에게 더하시리라_마 6:33

주님이 제자들에게 이같은 차원높은 기도를 요청하신 것은 제자들이 성숙하기 때문이 아니다. 제자들 역시 언제나 자신의 문제에 먼저 집중하고 있었기 때문이다. 그러므로 주님이 이같은 기도를 요청하신 것은 의도적으로 기도하라고 말씀하신 것이다. 아직 온전하지 않고 마음의 동의가 완전히 이뤄지지 않았을지라도 먼저 하나님의 나라와 의를 구하는 기도, 곧 성숙한 자의 기도를 요청하신 것이다.

우리도 마찬가지다. 우리도 하나님 나라와 의를 먼저 구하지 못할 뿐 아니라 하나님과 일치된 기도를 드리지 못하는 것이 더더욱 사실이다. 그러므로 주님의 뜻을 아는 깊이에 이르기까지는, 주님이 제자들에게 "하나님 나라와 의를 구할 것"을 요청하신 것처럼 인위적으로라도 주님의 뜻을 따라 기도할 필요가 있다.

그렇다면 주님의 뜻을 어떻게 인위적으로 알고 기도할 수 있을까? 정말 감사하게도 우리에게는 주님의 뜻이 적혀 있는 말씀 곧 성경이 있다. 그러므로 우리는 다른 곳에서 찾으려고 애쓸 필요가 없다. 이미 주님의 뜻이 드러나 있는 성경 말씀을 이해하고 비밀들을 파악하면 된다. 주님이 다른 경로로 자신을 계시하지 않았기 때문이다. 그러므로 주님이 주신 성경을 통해 하나님의 음성을 듣는 것이 최선의 길이다. 그런 의미에서 기도의 사람은 말씀의 사람일 수밖에 없다. 많은 경우 기도의 사람들은 말씀을 통하여 기도의 힘을 얻고 기도의 제목과 영감을 얻는다. 성경은 가장 확실한 하나님의 뜻이기 때문이다.

기도 숙제

신앙생활을 제대로 해왔다면 말씀을 읽거나 들으면서 감동이 올 때 기도가 더 잘되는 경험을 했을 것이다. 어떤 말씀을 들을 때였는지 생각하고 적어보라.

_____

_____

_____

절대 1시간 기도 3부

모든 기도를 하라
설교와 큐티로 기도하라
기도할 때 기도가 보인다
모든 순간에 기도하라
기도문이 기도다

Part 3

한 시간 기도의 비밀

절대 1시간 기도 : 08

모든 기도를 하라

기도한다는 것은 하나님과 연결된 온에어 (On Air) 상태를 말한다. 그런 까닭에 24시간 쉬지 않고 기도하는 것은 가장 강력한 영적 각성 상태이고 하나님과 깊이 연결되어 있는 일치 상태이다. 하지만 사실 하루 종일 기도하기는 매우 힘들다. 우리가 다만 '한 시간'이라도 기도하려고 애쓰는 것에서 알 수 있다. 그럼에도 불구하고 한 시간을 넘어 모든 순간 기도하는 것은 기도하는 자들의 로망이다. 바울은 우리에게 그렇게 기도할 것을 요청했다.

쉬지 말고 기도하라_살전 5:17

'쉬지 말고'로 번역된 헬라어 단어 '아디알레입토스'의 의미는 '멈춤이 없이' 계속해서 기도하는 것을 말한다. 완전히 하나님과 연결된 상태를 뜻한다. 어떻게 가능할까?

24시간 쉬지 않고 완벽한 기도 상태가 이뤄지는 것은 불가능할지 모르지만, 분명한 것은 모든 순간에 기도하기를 시도해야 한다는 것이다. 그때 우리는 어떤 상황에서든 기도할 수 있는 능력을 갖게 될 것이다. 다시 생각할수록 늘 아쉬운 일, 겟세마네에서 베드로가 실제로 잠이 들지 않고 깨어 기도할 수 있었다면 그는 분명 시험에 들지 않았을 것이고 그리스도의 십자가에 깊이 참여했을 것이다. 그런데 그는 기도하지 못했다.

우리가 쉬지 않고 기도하려면 우선 우리가 가지고 있는 기도에 대한 편견을 깰 필요가 있다. 즉 기도의 범위나 기도의 종류, 그리고 기도의 장소에 대한 확장이 필요하다.

모든 일, 모든 상황에서 기도하라

우리가 쉬지 않고 기도할 수 없는 가장 큰 이유는 상황에 따라 반응하는 데 익숙해서 그렇다. 가장 기도하기 쉬운 곳은 교회이지만, 영화나 TV를 볼 때 기도하는 경우는 거의 없다. 그러므로 쉬지 않고 기도하는 방법의 핵심은 일상생활 모든 영역에서 기도하는 것이다. 심지어 삶의 모든 사소한 영역까지로 기도의 범위를 넓혀야 한다.

바울이 말한 '모든 일에' 기도하는 것이다.

> 아무것도 염려하지 말고 다만 모든 일에 기도와 간구로, 너희 구할 것을 감사함으로 하나님께 아뢰라_빌 4:6

그러나 우리는 모든 일에 기도하지 않는다. 친구들과 대화할 때나 영화와 TV를 시청할 때, 혹은 책을 읽을 때 거의 기도하지 않으며, 심지어 예배 중 설교를 들을 때나 성경을 읽고 큐티할 때도 기도하는 것이 쉽지 않다. 하지만 바울이 권면한 것처럼 우리는 모든 일에 기도해야 한다. 그래야 쉬지 않고 기도하는 것이 가능해진다.

모든 종류의 기도를 하라

우리가 쉬지 않고 기도하는 데 실패하는 이유는 우리의 기도가 매우 제한적인 형식을 갖고 있기 때문이다. 예배당이나 특별한 기도 장소에서 입을 열어 소리를 내서 하는 기도나 방언기도 정도를 기도로 생각했기 때문이다. 하지만 바울은 '모든 기도'라는 표현을 썼다. NIV가 번역한 것처럼 '모든 종류의 기도'(all kinds of prayers)를 말한다.

> 모든 기도와 간구를 하되 항상 성령 안에서 기도하고 이를 위하여 깨

어 구하기를 항상 힘쓰며 여러 성도를 위하여 구하라 _엡 6:18

이미 앞에서 배운 것처럼 기도에는 통성기도만 있는 것이 아니라 소리를 내지 않고 드리는 침묵기도도 있고 말씀에 의지하여 묵상하며 드리는 묵상기도도 있다. 또한 찬양이 기도가 될 수 있고 우리의 태도가 기도가 될 수 있으며, 기도문을 쓰는 것으로도 기도를 할 수 있다.

모든 장소에서 기도하라

하나님은 어디에나 계신 까닭에 어디에서나 기도할 수 있다. 솔로몬의 기도에서 배운 것처럼 우리가 성전을 향하여 서는 순간 그 어디나 기도할 수 있는 곳이 된다. 물론 성전을 향하지 않아도 그 어디에나 하나님은 임재하시고 우리의 기도를 들으신다.

솔로몬이 일천 번의 제사를 드릴 때였다. 놀랍게도 그가 예배를 드린 곳은 기브온 산당이었다. 물론 성전이 지어지기 전이었지만, 광야에서 제사를 드리듯이 얼마든지 나름대로 구별된 장소에서 드릴 수도 있었다.

⁴…왕이 제사하러 기브온으로 가니 거기는 산당이 큼이라 솔로몬이 그 제단에 일천 번제를 드렸더니 ⁵기브온에서 밤에 여호와께서 솔로

주의 꿈에 나타나시니라 … _왕상 3:4-5

솔로몬의 경우에서 보듯 기도도 마찬가지다. 어디에서 기도하는 것이 중요한 것이 아니라 기도하는 것 자체가 중요하다. 그러므로 장소의 경계를 깰 필요가 있다. 영화극장이 놀라운 기도 처소가 될 수도 있고 도시 한복판이나 한적한 길 위도 기도의 장소가 될 수 있다. 이처럼 어디에서나 기도할 수 있을 때 쉬지 않고 기도하는 가능성이 열린다.

절대 1시간 기도가 가능해진다

모든 일에, 모든 장소에서, 모든 종류의 기도를 하라. 이같이 할 수 있을 때 우리의 목표인 '절대 1시간 기도' 역시 가능하게 될 것이다. 그렇다면 어떻게 그런 일이 가능할까? 나의 경우 여러 가지로 산만한 환경이나 상황에서 기도에 집중하게 하는 무엇인가가 필요했는데, 그런 점에서 유용했던 것이 '기도문으로 쓰는 기도'였다.

다음은 하루를 사는 동안 그려본 기도의 삶을 가정해서 써본 것이다.

아침에 잠에서 깼다. 침대에 누워 있는 상태에서 눈을 감고 하루를 시작하는 기도를 소리 없이 한다. 제일 먼저 큐티를 시작한다. 침묵으로 기도한다. 그리고 말씀을 읽고 묵상한다. 말씀을 읽을 때 주신 기도문을 적고, 말씀을 묵상하는 동안에도 귀를 기울여 주시는 말씀들을 모두 기도문으로 기도 노트에 적는다.

아침 식사를 하고 길을 나섰다. 버스 정류장까지 가면서 기도 노트의 기도문을 하나씩 읽고 묵상한다. 가는 동안에도 마음에 떠오르는 깨달음과 감동들을 기도문으로 만들어 기도 노트에 적는다. 버스 정류장에서도 눈으로 기도 노트의 기도문을 읽으며 기도한다.

회사에 도착해서도 분주하게 일을 하지만 순간순간마다, 화장실을 가는 순간에도 기도 노트에서 한두 개의 기도문이라도 읽고 묵상하고 기도한다. 점심시간에 동료들이나 친구들과 대화하면서 갖게 된 영적 부담감이나 기도의 부담감을 기도문으로 기록한다.

퇴근 후 집으로 돌아갈 때도 출근할 때와 같이 기도 노트의 기도문을 보며 기도한다. 퇴근길에 늘 가던 카페에 앉아 커피 한 잔을 마실 때도 그동안 쓴 기도문을 읽는다. 그것은 당연히 기도가 된다.

기도하기를 갈망하는 사람들은 이같이 기도하는 하루의 삶에 도전하고 싶은 마음이 들 것이다. 그러나 다 동의하겠지만, 기도하는 것의 장애 중에 하나는 사람들의 시선이다. 그런데 기도문을 쓰는 것은 어느 누구도 기도하는 것으로 여기지 않는다. 눈을 감을 필요도 없고 전형적인 기도 자세를 취하지 않아도 된다. 이런 까닭에 기도 노트에 기도문을 쓰고 그 기도문을 반복하여 읽는 것은 기도를 계속할 수 있는 탁월한 방법이 될 뿐 아니라 하루 한 시간 기도를 가능하게 할 것이다.

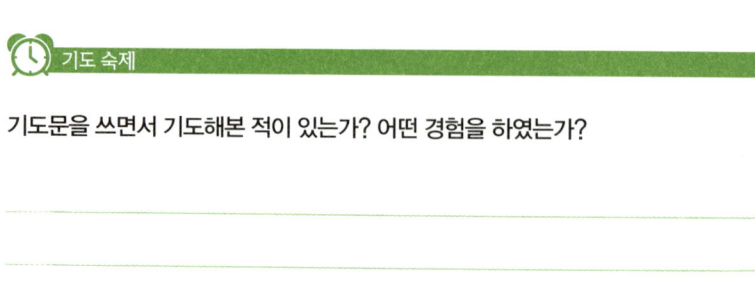

기도문을 쓰면서 기도해본 적이 있는가? 어떤 경험을 하였는가?

절대 1시간 기도 : 09

설교와 큐티로 기도하라

    모든 일에, 모든 장소에서, 모든 종류의 기도를 하는 방법을 사용하여 기도하는 것은 중요하다. 이를 위해 기도문을 써서 기도하는 방법은 우리의 기도를 계속 이어가는 일에 큰 도움이 될 것이다.

설교를 들을 때

기도문을 적기 가장 쉬울 때는 설교를 들을 때이다. 목사님을 통해 선포되는 설교는 우리 삶에 적절하게 적용된 것이기 때문이다. 설교를 듣다 보면 분명히 깨달음이 올 것이다. 그때마다 그 말씀을 기도문으로 바꿔 적는다.

  다음은 내가 한 설교의 일부분이다. 먼저 천천히 읽어보라. 읽다가 기도할 내용이 생기면 기도문으로 적어보라. 그런 다음 필자가 내 설교를 들으면서 깨달은 것을 기도문으로 적어본 것을 참고해 보라.

  탕자가 마음껏 쓸 수 있는 재산을 상속받은 것은 아버지의 아들이기 때문입니다. 그래서 유산을 상속받았습니다. 하지만 아버지와 떨어지는 순간 그는 그 유산으로 끝나는 것입니다. 유산이 사라지는 것이 아니라 분명히 쓸 수는 있지만, 그것이 전부입니다. 그것으로 끝이 난 것입니다. 그는 아버지와 상관없는 자로 자기 마음대로 사는 자에 불과합니다. 그때부터 철저히 세상의 논리로 들어섭니다. 더 부요해질 수도 있겠지만 그것이 옳은 것인가, 그의 영혼이 온전한가, 그는 바른 신앙의 존재인가 등을 물어야 하는 존재가 될 뿐입니다. 그것으로 끝입니다. 그러다 어느 날 그 모든 것을 다 사용하고 허비하여 아무것도 아닌 것이 남는 순간이 올지도 모릅니다. 여전히 풍요롭게 살 수도 있겠지만, 내면은 피폐함으로 살지도 모릅니다. 그때라도 아버지께 돌아오면 좋은 일이지만 지나간 시간들이 너무 아쉬운 것이고 상당수는 돌아오지 못합니다. 그렇게 인생은 허비된 채로 끝으로 가게 되는 것입니다.

이 짧은 설교를 읽으며 당신이 생각한 기도문을 적어보라.

_____
_____
_____

다음은 이 설교문을 읽고 내가 쓴 기도문이다.

"내가 하나님 안에 거할 때만 하나님의 무한한 은혜와 축복을 나의 것으로 누리며 살게 됩니다. 잊지 않겠습니다. 주님."

"매일 묻습니다. 나의 형편이 좋아지고 더 잘되고 성공하는 것보다 내가 하나님 안에 거하는 삶을 살고 있는지를. 늘 나를 깨우쳐 주옵소서."

성경을 읽거나 큐티할 때

설교를 들을 때 생기는 기도문 못지않게 성경을 읽을 때나 큐티 묵상을 할 때 깨달은 것으로 기도문을 쓸 수 있는 기회는 많다. 다음은 시편 1편 말씀이다. 찬찬히 읽고 마음에 주시는 하나님의 마음을 기도로 적어보라.

¹복 있는 사람은 악인들의 꾀를 따르지 아니하며 죄인들의 길에 서지 아니하며 오만한 자들의 자리에 앉지 아니하고 ²오직 여호와의 율법을 즐거워하여 그의 율법을 주야로 묵상하는도다 ³그는 시냇가에 심은 나무가 철을 따라 열매를 맺으며 그 잎사귀가 마르지 아니함 같으니 그가 하는 모든 일이 다 형통하리로다 ⁴악인들은 그렇지 아니함이여 오직 바람에 나는 겨와 같도다 ⁵그러므로 악인들은 심판을 견디지 못하며 죄인들이 의인들의 모임에 들지 못하리로다 ⁶무릇 의인들의 길은 여호와께서 인정하시나 악인들의 길은 망하리로다 _시 1:1-6

다음은 내가 이 시편을 읽으면서 깨닫고 쓴 기도문이다.

"악인들의 꾀를 따르지 않고 죄인들의 길에 서지 않으며 오만한 자들의 자리에 앉지 않겠습니다. 언제나 주님의 말씀을 따라 살겠습니다. 도와주시옵소서."

당신이 시편 1편을 읽으면서 생긴 기도문을 한 가지만 적어보라.

_____
_____
_____

큐티 나눔 할 때

큐티나 설교 말씀을 함께 나누는 자리에서, 지체들의 나눔을 들으면서 깨달은 것을 기도문으로 쓸 수 있다. 다음은 내가 한 지체의 기도제목을 들으면서 쓴 기도문이다.

> "○○○ 자매의 어머니의 위암 수술이 다음 주 화요일에 있습니다. 친히 개입하셔서 잘 치료되게 하시고 이전보다 강건케 하옵소서."

하나님은 지체들을 통해서도 역사하시는 까닭에, 이외에도 함께 말씀을 나누는 시간에 예상치 못한 깨달음을 주신다. 그때도 놓치지 말고 기도문으로 옮겨 적는 것을 습관화해야 한다.

기도 숙제

혹시 최근에 지체들과 큐티 내용이나 말씀을 나누다가 깨닫게 된 내용이 있는지 생각해보고 기도문으로 써보라.

절대 1시간 기도 : 10

기도할 때
기도가 보인다

      기도가 하나님과의 영적인 대화라는 사실에 동의한다면, 가장 중요한 기도의 내용은 기도할 때 주어진다는 사실에 주의해야 한다. 단순히 내가 원하는 것이 아니라 하나님의 뜻을 좇아 기도하는 것이 가장 옳기 때문이다.

성령의 역사 때문에

가이사랴 빌립보에서 일어난 일이었다. 예수님이 제자들에게 물으셨다.

> 사람들이 인자를 누구라 하느냐_마 16:13

그때 제자들은 그 당시 예수님에 대한 사람들의 일반적인 이해로 대답하였다.

> 더러는 세례 요한, 더러는 엘리야, 어떤 이는 예레미야나 선지자 중의 하나라 하나이다_마 16:14

그러자 예수님은 제자들에게 "너희는 나를 누구라 하느냐"(마 16:15)라고 물으셨다. 그때 베드로가 좀 다른 대답을 하였다.

> 주는 그리스도시요 살아 계신 하나님의 아들이시니이다_마 16:16

이것은 놀라운 대답이었다. 주님이 어떻게 해서 이런 대답이 나온 것인지 설명한 후 과도할 정도로 축복하셨다. 놀랍게도 베드로는 하나님의 생각을 대답한 것이었다.

> 예수께서 대답하여 이르시되 바요나 시몬아 네가 복이 있도다 이를 네게 알게 한 이는 혈육이 아니요 하늘에 계신 내 아버지시니라 _마 16:17

하나님께서 성령을 통하여 베드로에게 말씀하신 것이었다. 이같은 일은 베드로 같은 제자에게만 벌어지는 것이 아니라 오늘 우리에게도 벌어질 것이라고 주님이 말씀하셨다. 바로 성령의 역할 때문이다.

> 보혜사 곧 아버지께서 내 이름으로 보내실 성령 그가 너희에게 모든 것을 가르치고 내가 너희에게 말한 모든 것을 생각나게 하리라 _요 14:26

실제로 오순절 성령 사건 이후 베드로와 제자들에게 임한 것은 주님의 말씀의 성취였다. 베드로와 제자들이 오순절 성령의 역사를 경험한 후 예루살렘 거리로 나가 복음을 전하기 시작할 때, 그들의 설교는 강력하고 설득력이 있었다. 그것은 성령의 역사였다. 요엘 선지자를 통하여 하신 말씀의 성취였다. 베드로와 사도들은 성령의 음성을 듣고 말하고 있었다.

> [17]하나님이 말씀하시기를 말세에 내가 내 영을 모든 육체에 부어 주리니 너희의 자녀들은 예언할 것이요 너희의 젊은이들은 환상을 보고 너희의 늙은이들은 꿈을 꾸리라 [18]그 때에 내가 내 영을 내 남종과 여종들에게 부어 주리니 그들이 예언할 것이요_행 2:17-18

이같은 역사는 제자들만 아니라 오늘 우리에게도 주어진 축복이다. 그러므로 우리는 우리가 생각하고 인지하는 것만 말할 수 있는 것이 아니다. 하나님의 영은 우리에게 말씀하시지만, 동시에 우리에게 강력한 기도를 요청하시기 때문이다.

> ¹⁹너희를 넘겨 줄 때에 어떻게 또는 무엇을 말할까 염려하지 말라 그 때에 너희에게 할 말을 주시리니 ²⁰말하는 이는 너희가 아니라 너희 속에서 말씀하시는 이 곧 너희 아버지의 성령이시니라_마 10:19-20

그러므로 우리가 기도할 때 우리 혼자 기도하는 것이 아니라 성령이 우리와 함께 기도하고 계시다. 심지어 우리가 연약하여 "어떻게 기도해야 할지도 모르는 우리를 대신해서 말로 다 할 수 없을 만큼 깊이 탄식하시며 하나님께 간구"(롬 8:26, 공동번역)하시는 일을 성령이 하신다. 그러므로 우리가 기도할 때 성령은 더욱 강력하게 일하신다. 당연히 우리가 기도할 수 있도록 기도의 내용도 허락하신다.

기도의 마음을 주신다

이스라엘이 바벨론 포로 생활을 마치고 돌아왔을 때였다. 예루살렘 성전 건축을 다시 시작하는 등 그들이 정착할 때 하나님이 보여준 환상은 앞으로 다가올 메시야 왕국의 도래에 대한 것이었다. 스가랴가 '그날' 회복된 '다윗의 집과 예루살렘 주민'들에게 놀라운 마음을 부어주신다는 예언을 하는데, 그것은 기도의 마음이었다.

> 내가 다윗의 후손과 예루살렘 주민에게 은혜와 기도의 영을 부어주겠다. 그들은 자기들이 찔러 죽인 자를 바라보고 외아들을 위해 슬퍼하듯이 슬퍼할 것이며 맏아들을 잃은 사람처럼 통곡할 것이다.
> _슥 12:10(현대인의성경)

우리가 기도할 때, 우리에게 '기도의 영'으로서 성령이 임하신다. 성령은 우리가 구할 바를 부어주시고 우리로 하여금 기도하게 도우신다. 그래서 기도는 계속된다. 기도할 내용이 떠오르기 때문이다. 그래서 기도를 멈출 수 없다. 영적인 깊이가 깊을수록 그런 일이 벌어진다. 성령이 우리를 감동시키기 때문이다. 그때 하나님의 마음이 느껴진다. 하나님의 마음이 들린다. 기도의 내용이 된다. 당연히 기도할 때가 가장 중요한 기도의 내용을 듣는 시간이 된다. 그러므로 기도할 때 언제나 기도 노트를 곁에 두고 기도해야 한다. 기도할 때 성령께서 우리와 함께 기도하시기 때문이다. 우리가 미처 생각하지 못한 매우 중요한 기도의 내용들을 알게 하시기 때문이다.

그러므로 언제나 기도할 때 주의해서 기도하라. 기도하면 성령이 당신의 귀에 속삭이실 것이다. 그때 그 내용을 기도 노트에 적고 그것을 나의 기도문이 되게 하라.

 기도 숙제

오늘 기도할 때 직접 받은 내용을 아래 빈 칸에 적어보라.

절대 1시간 기도 : 11

모든 순간에
기도하라

　　　　　　우리가 신앙생활에서 실패하는 이유 중 하나는 낯선 곳에서 예배와 기도하기가 불가능하기 때문이다. 우리가 짓는 죄와 비신앙적 행동의 대부분은 교회 밖에서 이뤄진다. 당연히 익숙한 예배당에서는 기도하기와 예배드리기가 가능하지만 세상에 나가서는 거의 기도하지 못하기 때문이다. 기도와 예배가 단절된다.

예기치 못한 기쁨

낯선 곳에서 기도하고 예배할 수 있는 것은 그만큼 성숙했다는 뜻이다. 분명 하나님은 예배당에서도 응답하시지만 예배당 밖에서도 일하시며 말씀하신다. 하나님이 사람들을 사용하시는 정점에는 오히려 늘 낯선 곳, 낯선 일, 낯선 사역들이 존재하였다.

베드로가 피장이 시몬의 집 옥상에서 기도할 때 본 환상은 부정한 짐승들이 담긴 바구니였다. 그런데 주님이 먹으라고 하셨다. 베드로에게 그것은 낯선 것이고 부정한 것이었다. 싫다고 하자 주님은 당신이 깨끗하게 하신 것을 부정하다고 말하지 말라고 말씀하셨다. 이 환상은 매우 중요한 의미를 갖는다. 베드로는 이 환상 때문에 이방인 고넬료의 집으로 가서 복음을 전하고 세례를 주기 때문이다. 그 환상, 그 낯선 것의 경험이 그 당시 금지되었고 상상할 수 없었던 이방인 사역으로 확장시키기 위한 하나님의 역사였던 것이다. 또한 바울이 이방인 사역에 대해 갈등을 빚으며 예루살렘 사도 회의에 왔을 때, 베드로가 미리 겪은 이 낯선 경험 때문에 바울을 인정하는 일이 벌어진다.

이처럼 하나님은 우리에게 매우 낯선 방법으로도 말씀하시고 요청하신다. 베드로가 주님을 세 번이나 부인하고 저주하던 사건에서 주님이 알리시는 도구는 닭이었다. 다윗에게 경고하실 때 나단 선지자가 근사하게 나타난 것처럼 세례 요한이나 엘리야 같은 선지자가 경고한 것이 아니라, 고작 닭 울음소리였다. 전혀 낯선 것이었다.

사실 낯선 곳은 없다. 하나님은 어디에나 계시고 하나님이 말씀하시는 통로는 한계가 없으시다. 그래서 바울은 로마서에서 이렇게 말했다.

> [19]이는 하나님을 알 만한 것이 그들 속에 보임이라 하나님께서 이를 그들에게 보이셨느니라 [20]창세로부터 그의 보이지 아니하는 것들 곧 그의 영원하신 능력과 신성이 그가 만드신 만물에 분명히 보여 알려졌나니 그러므로 그들이 핑계하지 못할지니라 _롬 1:19-20

C. S. 루이스가 그의 자서전에서 다른 세계의 무엇인가에 끌렸던 경험을 소개하였는데, 그 무엇인가를 경험했던 때는 형이 과자 상자로 만들어준 장난감 동산을 가지고 놀고 있을 때였고, 꽃이 피어있는 까치밥나무 덤불의 냄새를 맡았을 때였고, 바그너의 낭만주의 음악을 들었을 때였다고 한다. 루이스는 그것을 '예기치 못한 기쁨'(Surprised by joy)이라고 표현하였다. 더 나아가 조지 맥도날드의 소설 《판타스테스》를 읽으면서 바로 자신의 옆에서 함께하는 거룩함의 실체를 경험했다고 고백했다.

영화를 보다가

나에게도 유사한 경험이 있다. 1985년 겨울, 제주도에서 목회하고 있을 때 나는 매우 혼란스러웠다. 결혼한 후 목회를 하고 있었지만 삶이 무거웠다. 사명은 약했고, 나의 죄된 모습들은 사라지지 않았으며, 불안정한 신앙의 확신이 나를 지배하고 있었다. 더욱이 나는 매우 문제 있고 답답한 목회자였다. 보잘것없는 미자립 시골 교회에서 낮은 자존감으로 가득 차 있었고, 과연 내가 목회자로 적절한지에 대한 질문이 나를 사로잡고 있었다.

그해 겨울 영화 '아마데우스'를 보았다. 그런데 그 영화는 나에게 대단한 충격으로 다가왔다. 나에게 영화 '아마데우스'는 하나님을 경험하는 전혀 다른 통로였다. 영화 속에서 아마데우스와 살리에리의 갈등을 보면서 살리에리가 던지는 질문, "왜 하나님은 천박한 모차르트에게 하늘의 음악을 주었는가?"라는 말을 들으면서 나는 하나님의 기회라는 음성을 들었다. 그것은 놀라운 깨달음이었다.

"하나님은 나의 거룩과 죄된 모습과 관계없이 나의 새로운 시작과 가능성을 지지하고 계시다."

그 순간 나는 내 안에 감추어 있고 눌려 있던 하나님이 주신 가능성과 자유를 보았다. 그때 나는 이렇게 기도를 드렸다.

"하나님, 나를 가볍게 여기지 않겠습니다. 나에게 허락하신 은총과 자유를 좇아 자유하겠습니다. 끝까지 걸어가겠습니다. 다시 시작해 보겠습니다. 나에게 포기하지 않는 용기를 주옵소서."

그 영화극장은 나에게 영적 회복이 일어나는 장소였고, 하나님의 음성을 듣고 감동하며 눈물로 기도하던 곳이었다. 솔로몬이 제사드렸던 곳이 기브온 산당이었고, 베드로가 기도했던 곳이 욥바 피장이 시몬의 집 옥상이었던 것처럼 말이다.

 이처럼 우리는 영화를 보면서도 하나님의 음성을 듣고 그곳에서 기도할 수 있다. 하나님은 온 우주 만물을 포함하여 모든 곳에, 모든 경우에 거하시기 때문이다. 하나님이 계시지 않은 곳은 없기 때문이다.

> 하나님은 모든 것의 아버지시요, 모든 것 위에 계시고 모든 것을 통하여 계시고 모든 것 안에 계시는 분이십니다. _엡 4:6(새번역)

기도 숙제

당신이 그동안 보았던 영화 중에서 한 편을 떠올린 후 그때 느꼈던 감동들을 돌아보면서, 혹시 깨달음이 온다면 기도문으로 적어보라.

_____

_____

_____

TV를 보다가

영화만이 아니다. TV를 보면서도, 신문 등 미디어를 통해서도 우리는 깨달음과 기도의 요청을 들을 수 있다. 예를 들어, 나는 남북정상

회담을 보면서 마음에 강력한 기도의 마음이 생겼다. 그때 이렇게 기도문을 적었고 나의 계속된 기도가 되었다.

> "하나님, 고레스를 사용하셔서 포로 생활을 끝낸 것처럼 하나님이 개입하셔서 역사하여 주시옵소서. 그 오랜 날 동안 기도했던 우리 조상들과 선배들, 지금도 기도하는 북한의 동포들과 이 땅의 기도의 사명자들과 우리 교회들, 하나님, 긍휼히 여기시옵소서.
> 우리 눈으로 보게 하옵소서. 함께 저 판문점에서 예배하며, 한걸음에 달려가 저 백두산에서 산 기도를 드리고 싶사오니, 주여, 우리에게 은혜를 베푸시옵소서. 속히 이루시옵소서."

🕐 기도 숙제

최근에 봤던 TV 프로그램이나 뉴스, 신문 기사 중에서 마음에 다가왔던 내용이 있는지 생각해보고 기도문으로 적어보라.

_____

_____

_____

길을 걷다가

영화, TV, 신문, 드라마, 뉴스뿐 아니라, 우리는 길을 걷다가도 세상의 모든 것에서 우리에게 말씀하시는 하나님의 음성과 기도의 요청을 들을 수 있다.

어느 날 새벽예배를 마친 후 청년들과 함께 아침 식사를 하고 나오는데 성북구 '생명의 전화' 건물에 이런 내용의 현수막이 걸려 있었다.

"나는 신발이 없음을 한탄했는데 거리에서 발이 없는 사람을 만났다."

그 문구를 보는 순간 여러 사람들이 생각나면서, 울컥 부끄러움이 터져 나왔다. 그때 이런 기도를 드렸다.

"발이 없는 사람, 10년째 침대에 누워 있는 사람, 죽도 삼키기 불가능한 사람, 오늘 한 끼를 걱정하는 사람, 잊고 있었습니다. 부끄럽습니다. 주님. 용서하여주옵소서."

 **기도 숙제**

지난 시간을 돌아보면서 내가 봤던 장면들, 글귀, 만났던 사람들까지, 간과했던 하나님의 음성들을 생각해보고 기도로 적어보라.

_____

_____

_____

책을 읽다가

매우 중요한 통로 중의 하나는 책이다. 책을 읽다가 얻는 깨달음은 매우 중요한 기도가 된다. 그런 경우는 너무 많다. 그것 때문에 책을 계속 빠른 속도로 읽는 것이 불가능할 때도 있다.

특히 더 깊은 기도를 하고 싶다면, 기도에 관한 책들을 읽으면 더 효과적이다. 깊은 기도를 경험했던 자들의 묵상이 적힌 까닭이다. 그래서 나는 영성 깊은 글을 읽는 것을 좋아한다. 누구나 좋아하는 헨리 나우웬, 토마스 머튼, 리차드 포스터, 유진 피터슨의 책 등 수없이 많지만, 그 중에 마이클 몰리노스의 《영성깊은 그리스도인》(요단)을 읽다가 이런 문장을 만났다.

"우리가 하나님을 위해 할 수 있는 일이란 없습니다"_몰리노스, 23

그때까지 나는 나의 노력으로 하나님을 감동시키려는 마음도 있었다. 그것이 나에게 엄청난 부담으로 작용하고 있었다. 그런데 이 구절이 마음에 와닿았고 나의 태도를 바꾸게 하였다. 이런 기도를 드릴 수 있었다.

"그렇습니다. 하나님이 다 하셨습니다. 나는 아무것도 아닙니다. 내가 무엇을 못 하고 못 이루더라도 나라는 존재를 기뻐하시는 하나님을 시인합니다. 깨달음을 주셔서 감사합니다."

기도 숙제

같은 방법으로, 당신도 이전에 읽었던 책 중에서 감동 받은 구절을 생각하고 기도로 적어보라.

우리는 모든 경우, 모든 상황, 모든 것들을 통하여 하나님을 경험할 수 있다. 하나님이 살아계셔서 지금도 일하시기 때문이다. 그 경험이 우리의 기도가 되는 것은 당연한 일이다.

절대 1시간 기도 : 12

기도문이
기도다

    기도를 들어보면 그 사람의 영적 크기를 알 수 있다. 아무리 하나님 나라와 의를 위해 기도하려 해도, 정직하게 하나님 앞에 서면 영적 크기 때문에 자신의 삶의 문제에 제한되어 기도하는 것을 본다.

    더욱이 자신의 문제란 것이 그때로 국한되어 끝나는 것이 아니라 모양을 달리해서 계속 우리에게 다가온다. 평생 자신의 문제에만 매달리다 끝날지도 모른다. 그래서 주님이 하나님 나라와 의를 구하는 기도를 하라고 말씀하신 것이다. 분명 자신의 문제가 산적해 있지만, 하나님의 나라와 의를 구하라는 것은 의도적으로 자신의 문제에서 빠져나와 하나님의 것을 구하라는 뜻이다. 하나님이 우리의 문제를 알아서 처리하시겠다는 말씀이시다.

> ³¹그러므로 염려하여 이르기를 무엇을 먹을까 무엇을 마실까 무엇을 입을까 하지 말라 ³²이는 다 이방인들이 구하는 것이라 너희 하늘 아버지께서 이 모든 것이 너희에게 있어야 할 줄을 아시느니라 ³³그런즉 너희는 먼저 그의 나라와 그의 의를 구하라 그리하면 이 모든 것을 너희에게 더하시리라 _마 6:31-33

주기도문을 주신 이유

분명히 주님이 가르쳐주신 대로 하나님 나라와 의를 구하는 기도를 드리고 싶지만 여전히 자유롭지 못하다. 다른 기도 역시 마찬가지다. 막상 기도하려면 기도제목이 떠오르지 않거나 기도가 계속 이어 나오지 않는다. 아마 제자들도 같은 고민을 하고 있었던 것으로 보인다. 그래서 제자들은 예수님에게 기도를 가르쳐달라고 했다.

주님은 기도를 가르쳐달라는 제자들의 요청을 받고 기도에 대해 말씀하시다가 매우 재미있는 말씀을 하셨다. 듣기에 따라서는 기도할 필요가 없다는 말처럼 들릴 수도 있다.

> ⁷또 기도할 때에 이방인과 같이 중언부언하지 말라 그들은 말을 많이 하여야 들으실 줄 생각하느니라 ⁸그러므로 그들을 본받지 말라 구하기 전에 너희에게 있어야 할 것을 하나님 너희 아버지께서 아시느니라 _마 6:7-8

우리에게 있어야 할 것을 주님이 다 아신다고 하신 것이다. 그런데 주님이 바로 이어 기도를 가르치셨다. 바로 우리가 늘 암송하는 주기도문이다.

> 그러므로 너희는 이렇게 기도하라 하늘에 계신 우리 아버지여 이름이 거룩히 여김을 받으시오며 _마 6:9

주님은 왜 다 아신다고 말씀하시면서 기도문을 주신 것일까?

첫 번째 이유는 자신의 문제에만 매몰되고 있는 기도의 모습을 교정하려 하신 것이다. 주님이 가르쳐주신 기도문이 우리가 반드시 기도해야 할 기도의 내용이 무엇인지 알게 하기 때문이다. 우리 역시 기도문을 쓸 때 같은 기도를 반복해서 쓰지 않기 때문에, 기도문 쓰기는 반드시 해야 할 기도를 할 수 있도록 돕는다.

두 번째 이유는 기도를 제대로 하라는 것이다. 우리는 이상하게 하나님을 감동시키려는 마음이 있다. 그래서 같은 말을 반복해서 오랜 시간 중언부언 기도를 한다. 그래서 매우 정확하게 기도할 내용을 주신 것이다.

놀랍게도 주님이 가르쳐주신 기도문은 읽는 것으로 기도가 된다. 읽는 순간 기도가 되는 것이다. 기도문이 기도인 것이다. 한번 찬찬히 집중하여 주기도문을 읽어보라. 분명 강력한 기도가 될 것이다.

> 9… 하늘에 계신 우리 아버지여 이름이 거룩히 여김을 받으시오며

¹⁰나라가 임하시오며 뜻이 하늘에서 이루어진 것 같이 땅에서도 이루어지이다 ¹¹오늘 우리에게 일용할 양식을 주시옵고 ¹²우리가 우리에게 죄 지은 자를 사하여 준 것 같이 우리 죄를 사하여 주시옵고 ¹³우리를 시험에 들게 하지 마시옵고 다만 악에서 구하시옵소서 (나라와 권세와 영광이 아버지께 영원히 있사옵나이다 아멘) _마 6:9-13

주님의 기도에는 기도자의 현실적인 문제도 나오긴 하지만 하나님의 주권과 통치를 인정하는 겸손의 기도가 그 주된 내용이다. 물론 개인적인 문제조차 자세히 읽어보면 좀 뉘앙스가 다르다.

사실 우리는 일용할 양식만 구하지 않고 더 많은 양식과 부요를 구한다. 일용할 양식에 만족하지 않는 것이다. 그러므로 일용할 양식을 구하는 기도는 문제의 초점을 지금 하루에 두라는 뜻이고, 미래의 문제와 하나님 나라의 문제에 시선을 고정하라는 뜻임을 알 수 있다.

엄밀히 말해서 우리가 쓰는 기도문은 주님이 가르쳐주신 기도문 같은 것이어야 한다. 읽기만 해도 기도인 기도문처럼 말이다. 그래서 기도문을 쓰는 것이 중요하다. 그것 자체로 놀라운 기도가 되기 때문이다.

기도문의 실제

우리가 앞으로 적어 내려갈 기도문의 길이와 크기가 어느 정도일지는 주님이 가르쳐주신 기도문을 좇으면 된다. 주기도문은 하나의 기도이지만 사실은 여러 개의 기도가 합쳐진 것이다. 풀어 쓰면 9개의 기도문으로 구성되어 있다고 할 수 있다.

1 하늘에 계신 우리 아버지여
2 이름이 거룩히 여김을 받으시오며
3 나라가 임하시오며
4 뜻이 하늘에서 이루어진 것 같이 땅에서도 이루어지이다
5 오늘 우리에게 일용할 양식을 주시옵고
6 우리가 우리에게 죄 지은 자를 사하여 준 것 같이 우리 죄를 사하여 주시옵고
7 우리를 시험에 들게 하지 마시옵고
8 다만 악에서 구하시옵소서
9 나라와 권세와 영광이 아버지께 영원히 있사옵나이다 아멘

주기도문이 9개의 기도문으로 이뤄진 것처럼, 우리가 기도문을 쓸 때도 주기도문 정도의 내용으로 기도문을 적으면 좋다. 실제로 우리가 기도문을 적을 때는 이해하기 쉽게 풀어쓸 필요가 있다. 다음은 필자가 주기도문을 풀어쓴 것이다.

1책 하늘에 계신 우리 아버지여

온 우주 만물, 이 땅뿐만 아니라 천지와 하늘나라까지 주관하시고 우리 마음속을 포함하여 세밀한 부분까지 아시고 거하시는 하나님 아버지, 나의 아빠 아버지. 하지만 우리 모든 형제자매들 그리고 우리와 함께 하시는 예수 그리스도와 우리 아버지시여!

2책 이름이 거룩히 여김을 받으시오며

여호와, 하나님 아버지의 이름은 그 이름만으로 거룩하시고 높으시오니 아버지의 이름이 우리의 사역을 통하여 온 세상 사람으로부터 높임과 거룩히 여김을 받으시오며 물이 바다를 덮음같이 구원이 온 땅에 가득하게 하소서.

3책 나라가 임하시오며

하지만 내가 나를 신뢰할 수 없습니다. 만유의 주 되신 하나님께서 왕으로 통치하시는 나라가 내 몸과 마음 안에도 이뤄지길 원합니다. 초청하오니 내 안에 임하셔서 나의 주가 되시고 다스려주옵소서.

4책 뜻이 하늘에서 이루어진 것 같이 땅에서도 이루어지이다

하나님은 이미 공중에 권세 잡은 자들을 모두 결박하셨고 하나님의 뜻은 온 세상에 드러났습니다. 그러므로 그동안 우리가 살았던 세상의 방법과 시스템을 거절하고, 하나님의 말씀을 따라 하나님의 방법으로 사는 수도적 노력을 게을리하지 않을 뿐 아니라, 이 세상에 하나님의 뜻을 따라 사는 거룩한 문화와 하나님 나라가 이뤄지기를 기도합니다. 우리를 통하여 그 나라가 이뤄지도록 추구하며 살게 인도하옵소서.

5각 우리에게 일용할 양식을 주시옵고

또한 우리가 사는 날 동안 사용하도록 하나님 아버지께서 미리 준비해 놓으신 것들 중에서 오늘 지금 우리에게 필요한 우리의 것을 주옵소서.

6각 우리가 우리에게 죄지은 자를 사하여 준 것 같이 우리 죄를 사하여 주시옵고

우리를 위해 아들 예수를 십자가에 못 박혀 죽게 하심으로, 조건 없이 죽음의 죄에서 살리신 하나님, 우리가 그 은혜에 힘입어 언제나 우리에게 죄를 지은 자들을 용서했습니다. 주님이 약속하신 것처럼 우리가 지은 죄도 이미 용서하셨음을 압니다. 이제 우리가 자유한 존재임을 선포합니다.

7각 우리를 시험에 들게 하지 마시옵고

우리가 우리들 스스로의 욕심에 의해 생긴 시험에 빠져 헤맬 때도 마치 당신이 잘못하신 것처럼 주도적으로 우리의 삶에 참여하시고 아들 예수 그리스도에게 우리의 죄를 담당시킨 하나님, 또한 기꺼이 그 십자가를 지신 예수 그리스도 우리 주님, 이제 우리도 그 시험에 빠지지 않기를 원하오니 우리를 도와주옵소서.

8절 다만 악에서 구하시옵소서

우리가 유혹을 극복하지 못하고 세상을 사랑하여 스스로 죄악에 빠져 헤어나올 수 없을 때도 우리를 불쌍히 여기사 살려주옵소서. 또한 우리가 도무지 감당할 수 없는 악한 세력이 엄습할 때, 그 세력으로부터 우리를 구원하시고 주님이 예비하신 곳으로 인도해 주옵소서.

9절 대개 나라와 권세와 영광이 아버지께 있사옵니다. 아멘

우리가 기도드리는 이유는 하늘과 땅의 모든 나라가 하나님 아버지 것이며, 모든 권세 위의 모든 권세 역시 하나님 아버지 것이며, 모든 영광 또한 오직 한 분 하나님 아버지께서 마땅히 받아야 할 것이기 때문입니다. 진실로 그렇습니다.

 기도 숙제

기도문이 기도라는 것이 이해된다면, 주기도문을 다시 읽은 후 주기도문의 내용을 자신에게 주신 기도의 내용으로 적용하여 기도문을 써보라.

_____

_____

_____

절대 1시간 기도 4부

한 시간 기도 방법
목표, 일천 번의 기도
성전을 향하여 서라
기도 노트의 비밀
기도를 시작하라

Part
4

한 시간 기도의 실제

절대 1시간 기도 : 13

한 시간 기도 방법

> 제자들에게 오사 그 자는 것을 보시고 베드로에게 말씀하시되 너희가 나와 함께 한 시간도 이렇게 깨어 있을 수 없더냐_마 26:40

주님의 이 말씀이 우리가 '절대 1시간 기도'를 시도하게 된 이유다. 늘 무너지는 자신을 바라보면 주님의 하신 "마음에는 원이로되 육신이 약하도다"(마 26:41)라는 말씀에 언제까지나 위로받으며 살 수 없기 때문이다.

하루 세 번 기도 중에 중심기도 시간을 정한다

이 책의 목표는 문자 그대로 주님이 원하셨던 하루 한 시간 기도를 하는 것에 있다. 하지만 하루 한 시간 기도가 쉽지 않다. 실제로 우리 삶의 여건도 한계가 있고 익숙하지 않기 때문에 한 시간 기도를 한꺼번에 시작하기 힘들다. 그래서 다니엘이 했던 '하루 세 번 기도'를 우선 제시하고자 한다. 하루 한 시간을 세 번으로 나눠서 기도하는 것이다.

> 다니엘이 이 조서에 왕의 도장이 찍힌 것을 알고도 자기 집에 돌아가서는 윗방에 올라가 예루살렘으로 향한 창문을 열고 전에 하던 대로 하루 세 번씩 무릎을 꿇고 기도하며 그의 하나님께 감사하였더라
> _단 6:10

하루 세 번을 등분해서 20분씩 하라는 얘기가 아니다. 최종 목표는 연속해서 한 시간을 기도하는 것이지만 여건상 세 등분했을 뿐이다. 다만 하루 세 번의 기도 중 한 번은 한 시간 기도하는 마음으로 기도하는 '중심기도'로 정할 필요가 있다. '중심기도 시간'은 아침, 점심, 저녁 중 자신에게 가장 시간이 충분히 주어지는 시간대를 말한다. 하루 한 시간 기도 중 가장 많은 분량을 이 중심기도 시간에 드리면 된다.

1 | 침묵기도로 시작한다

중심기도는 먼저 침묵기도로 시작할 것을 권한다. 침묵하는 시간은 5분, 10분, 20분, 자유롭게 자기에게 맞게끔 정하면 좋다.

침묵기도를 먼저 하라는 이유는 앞에서 살핀 것처럼 하나님의 임재 안에 조용히 거하는 것이 기도의 기본이기 때문이다. 하나님이 임재하시면 우리의 정직한 영을 새롭게 하실 것이다. 그러므로 침묵함으로 하나님의 현존 앞에 서는 것이다.

침묵기도의 또 다른 유익은 침묵기도를 하면서 죄와 더러움의 문제가 떠올랐을 때 흘려보내며 그 죄의 실체와 내용을 아는 것이다. 침묵기도 후 직면했던 죄와 더러움을 기도 노트에 적어 계속 기도할 내용으로 삼는다. 주의할 것은 그 기도 내용을 쓰는 것 자체가 기도라는 것이다. 침묵기도가 '쓰는 기도'로 이어지는 것이다.

2 | 말씀묵상으로 기도한다

침묵기도 후 말씀묵상으로 이어지는 것이 좋다. 말씀묵상이 유익한 까닭은 하나님이 우리에게 하시는 말씀을 들을 수 있기 때문이다. 말씀은 우리의 죄를 드러내기도 하지만, 우리를 깨우치고 영적 성숙으로 이끈다. 또한 우리를 새롭게 한다.

¹⁶모든 성경은 하나님의 감동으로 된 것으로 교훈과 책망과 바르게 함과 의로 교육하기에 유익하니 ¹⁷이는 하나님의 사람으로 온전하게 하며 모든 선한 일을 행할 능력을 갖추게 하려 함이라_딤후 3:16-17

말씀묵상을 할 때 우리는 들려오는 하나님의 음성에 민감해야 한다. 그리고 말씀이 들릴 때 자신이 대답하는 것을 주의할 필요가 있다. 자신이 말씀에 반응하는 것이 바로 진실한 기도이기 때문이다. 그 기도의 내용 역시 기도 노트에 적는다. 강력한 기도가 될 것이다.

3 | 통성기도, 의지를 표현하기

침묵기도와 말씀묵상기도 후에 우리는 자신이 쓴 기도 내용을 읽으며 소리를 내서 기도할 필요가 있다. 통성기도를 하라는 것인데, 소리를 내며 기도하는 것은 하나님을 추구하고 도움을 구하는 우리의 의지를 표현하는 것이기 때문이다. 주변 상황이 그럴 형편이 안 되더라도, 비록 작은 소리일지언정 반드시 소리를 내어 기도하자.

앞으로 기도를 계속해나가면 기도 내용이 쌓이게 될 것이므로, 오늘 주신 기도와 지금까지 적어놓은 기도들을 보면서 소리 내어 통성기도를 하면 된다.

충분히 예상하겠지만, 적어놓은 기도 내용이 많을수록 기도 시간은 충분히 늘어날 수 있다. 그것만이 아니라 기도는 우리로 하여금 더 깊은 기도로 나아가게 한다. 성령께서 일하시기 때문이다. 그토록 힘들던 한 시간 기도를 하는 자신을 어느 날 발견하게 될 것이다.

채우지 못한 1시간은?

어쩌면 절대 1시간 기도를 훈련하면서, 중심기도 시간이 예상보다 빨리 한 시간을 넘길 수도 있다. 그것은 즐거운 일이다. 하지만 처음 시작할 때는 중심기도가 한 시간을 넘기지 못할 경우가 많을 것이다. 한 시간이 채워지지 못한 것이다. 그렇다면 남은 시간을 어떻게 운영해 채우면 좋을까?

 만일 중심기도를 드린 시간이 저녁이고 30분(침묵기도 10분 + 말씀묵상 10분 + 통성기도 10분)이 걸렸다면 나머지 시간이 30분 남았다. 그 30분은 아침과 점심시간에 내면 되는데, 이때도 중요한 것은 기도문(기도 노트)이다. 기도문이 놀라운 힘을 발휘할 것이다.

 기도문(기도 노트) 때문에 우리는 회사에서 일하는 동안 자투리 시간에도, 식사하고 돌아오는 길에도, 카페에 앉아 누구를 기다릴 때도 기도할 수 있다. 기도문을 읽는 순간 기도가 되기 때문이다. 입으로 소리 내지 않고 눈으로, 마음으로 읽으며 기도해도 된다.

기도 쓰기를 습관화하라

그래서 가장 중요한 일이 기도를 쓰는 것이다. 이 글을 읽는 동안에도 느끼고 깨달은 점이 있으면 기도문으로 적는 것을 습관화해야 한다.

책의 여백이든 어디에든 늘 기도문을 쓰는 것이 중요하다. 그 기도들은 다시 기도 노트에 정리해 옮겨놓아 평생 기도제목으로 삼는 습관을 갖는다. (이 책의 마지막에 독자가 직접 100개의 평생 기도를 쓸 수 있는 기도 노트를 부록으로 마련하였다. 독자가 이 책을 읽는 동안 떠오른 기도문을 수시로 적어보라. 절대 1시간 기도 훈련이 시작될 것이다.)

기도 숙제

먼저 기도 노트를 준비하고 기도문들을 옮겨 적는다. 그리고 하루 중 언제 중심기도를 할 것인지 정한다. 당신은 언제 중심기도 시간을 가지려 하는가?

_____

_____

_____

절대 1시간 기도 : 14

목표,
일천 번의 기도

하루 한 시간씩 드리는 절대 1시간 기도의 출발점은 주님이 베드로에게 하셨던 말씀이다. 하루 세 번 기도는 우리가 처음부터 한 시간 동안 기도할 수 없기 때문에 시도한 대안이기도 하지만, 하루 세 번의 기도를 습관화해 강력한 믿음의 존재가 된 다니엘처럼 거룩한 기도 습관을 배우려는 것이기도 하다.

솔로몬의 일천 번제

여기에 한 가지를 더 추가하고 싶은데, 바로 일천 번째 기도이다.
　솔로몬이 이스라엘의 3대 왕이 되었을 때이다. 그의 왕위는 매우 불안정했다. 그는 먼저 자신이 통치하는 데 장애로 작용하게 될 정적들을 제거했는데, 이복형 아도니야와 아도니야를 지지했던 대제사장 아비아달과 요압 장군, 다윗을 저주했던 시므이(왕상 2:13-46) 등이 포함되었다. 동시에 왕권을 강화하기 위하여 주변 강국인 애굽 등 다른 나라들과 결혼동맹을 맺었다.

이런 노력에도 불구하고 솔로몬은 늘 걱정에 사로잡혀 있었다. 솔로몬에게 가장 큰 걱정은 놀랍게도 하나님의 백성들을 잘 치리할 수 있을까 하는 것이었다. 솔로몬이 지혜로운 왕이 되고 싶은 마음에 드렸던 것이 일천 번의 제사였다(왕상 3:4).

일천 번의 제사를 문자적으로 계산해보자. 하루에 한 번씩이면 3년이 넘는 기간의 예배였고, 하루 세 번씩 드리는 제사라 할지라도 1년간 지속된 예배였다. 그것은 지극한 겸손의 표현이었고, 하나님께 절대적으로 의존하다는 표현이었다. 솔로몬이 드린 일천 번제 후에 하나님이 솔로몬에게 나타나셨다. 그의 기도에 응답하신 것이다. 그렇다면 그의 기도 내용은 무엇이었을까? 그가 하나님께 대답하는 내용에 들어 있다.

> [6]솔로몬이 이르되 주의 종 내 아버지 다윗이 성실과 공의와 정직한 마음으로 주와 함께 주 앞에서 행하므로 주께서 그에게 큰 은혜를 베푸셨고 주께서 또 그를 위하여 이 큰 은혜를 항상 주사 오늘과 같이 그의 자리에 앉을 아들을 그에게 주셨나이다 [7]나의 하나님 여호와여 주께서 종으로 종의 아버지 다윗을 대신하여 왕이 되게 하셨사오나 종

은 작은 아이라 출입할 줄을 알지 못하고 ⁸주께서 택하신 백성 가운데 있나이다 그들은 큰 백성이라 수효가 많아서 셀 수도 없고 기록할 수도 없사오니 ⁹누가 주의 이 많은 백성을 재판할 수 있사오리이까 듣는 마음을 종에게 주사 주의 백성을 재판하여 선악을 분별하게 하옵소서 _왕상 3:6-9

솔로몬이 하나님께 구한 제사와 기도의 내용은 하나님의 백성을 잘 돌볼 수 있도록 지혜를 달라는 것이었다. 전혀 다른 기도였다. 놀랍게도 하나님은 그의 기도에 정확하게 응답하셨다. 그는 옳은 기도를 하였고 더욱이 일천 번의 진정성이 있었기 때문이었다. 하나님의 대답이 너무 인상적이다.

¹⁰솔로몬이 이것을 구하매 그 말씀이 주의 마음에 든지라 ¹¹이에 하나님이 그에게 이르시되 네가 이것을 구하도다 자기를 위하여 장수하기를 구하지 아니하며 부도 구하지 아니하며 자기 원수의 생명을 멸하기도 구하지 아니하고 오직 송사를 듣고 분별하는 지혜를 구하였으니 ¹²내가 네 말대로 하여 네게 지혜롭고 총명한 마음을 주노니 네 앞에도 너와 같은 자가 없었거니와 네 뒤에도 너와 같은 자가 일어남이 없으리라 _왕상 3:10-12

솔로몬이 구한 것은 자신의 영광과 성공이 아니었다. 솔로몬은 하나님의 뜻을 구하였고 그 뜻을 알 수 있도록 지혜를 달라고 기도하였다. 하나님은 솔로몬의 기도에 완벽하게 응답하셨다. 그 응답은 상상을 초월하는, 역사적으로 가장 지혜로운 왕이 되는 것으로 드러났다.

간단히 소개해도 솔로몬은 3000마디의 잠언과 1500편의 노래를 지었고 모든 초목과 짐승, 새와 물고기 등을 논할 수 있는 지식과 지혜를 가졌다. 이처럼 그의 지혜가 뛰어나자 여러 왕들이 그의 말을 들으려고 찾아왔는데(왕상 4:34), 그 유명한 스바 여왕은 솔로몬의 지혜로 인해 정신을 잃을 정도였다고 성경은 기록하였다(왕상 10:4-5).

그런데 하나님은 솔로몬에게 지혜만 주신 것이 아니었다. 하나님은 그가 구하지 않은 것까지 허락하셨다. 솔로몬의 기도가 그만큼 하나님의 마음에 합했던 것이다.

> 내가 또 네가 구하지 아니한 부귀와 영광도 네게 주노니 네 평생에 왕들 중에 너와 같은 자가 없을 것이라 _왕상 3:13

일천 번 기도의 목표

많은 사람들이 바로 이 축복에 더 관심을 기울이지만, 이것은 부차적인 것이다. 우리는 기도의 목표를 부차적인 것에 두어선 안 된다. 기도는 영적 성숙과 하나님과의 연합을 추구하는 것에 목표를 두어야 한다. 기도의 방향은 하나님을 더 사랑하는 것이어야 한다.

한 가지 분명한 것은 우리가 전심으로 하나님을 구하고 영적 성숙을 구할 때 하나님이 솔로몬에게 주신 것처럼 우리에게도 놀라운 지혜를 주시고 영적 성숙에 이르도록 허락하실 것이란 사실이다.

이제 우리 기도의 목표와 방법이 정해졌다. '한 시간 기도'는 주님과 늘 함께 하고 싶은 열망의 표현이고, '하루 세 번 기도'는 늘 무너지는 나를 넘어서 기도가 라이프 스타일이 되고자 하는 시도이다. 마지막으로 '일천 번의 기도'는 영적 성숙과 하나님과의 연합을 추구하려는 간절함의 표현이다. 이 세 가지 요소로 우리의 '절대 1시간 기도'가 진행되어야 한다.

1 | 하루 한 시간 기도

단 '한 시간'도 주님과 함께 기도하지 못했던 베드로와 제자들의 모습이 우리 자신의 모습임을 알기에, 주님이 최소한 원하셨던 대로 하루 한 시간 기도한다. 하루 한 시간 기도가 이 책을 통해 나누려는 기도의 기본 전제이다.

2 | 하루 세 번 기도

물론 한 번에 한 시간을 기도하는 것이 좋다. 하지만 우리의 기도는 하루 한 시간만 아니라 하루 종일 기도하고 싶은 열망에 기초해야 한다. 하루 최소 한 시간 기도를 하루 세 번 기도로, 곧 하루의 삶을 기도의 삶으로 바꾸는 기회로 삼자는 것이다.

3 | 일천 번의 기도

솔로몬이 며칠에 걸쳐서 일천 번의 제사를 드렸는지는 알 수 없지만, 다니엘의 세 번 기도와 연결시켜 상상하면 333일(혹은 334일)이므로 거의 1년이 된다. 1년 동안 하루 한 시간 기도를 드린 것이다.

하루 세 번, 하루에 한 시간씩 기도하고, 일천 번, 곧 거의 1년을 기도한다면 우리는 놀라운 기도의 사람이 될 것이다. 과연 그렇게 할 수 있을까 걱정이 들겠지만 걱정할 필요 없다. 우리가 기도를 시작하면 성경의 약속대로 성령께서 우리를 실제적으로 도우실 것이다. 마침내 우리는 우리의 간절함의 추구와 성령의 도우심으로 놀라운 기도자의 삶을 살게 될 것이다.

기도 숙제

하루 한 시간, 하루 세 번, 일천 번의 기도를 시도하겠다는 마음을 먹는 것만으로도 우리는 기도의 길에 들어선 것이라 할 수 있다. 어떤 다짐을 했는지 적어보라.

절대 1시간 기도 : 15

성전을
향하여 서라

> 다니엘이 이 조서에 왕의 도장이 찍힌 것을 알고도 자기 집에 돌아가서는 윗방에 올라가 예루살렘으로 향한 창문을 열고 전에 하던 대로 하루 세 번씩 무릎을 꿇고 기도하며 그의 하나님께 감사하였더라_단 6:10

다니엘은 예루살렘 성전을 향하여 창문을 열어놓고 기도하였다. 예루살렘에서 매우 멀리 떨어져 있는 다니엘의 처소에서 정확하게 예루살렘 성전 방향을 특정할 수 없었을 것이다. 그럼에도 불구하고 다니엘이 예루살렘을 향하여 창문을 열어놓고 기도한 것은 의미가 있다. 예루살렘 성전은 하나님이 계시겠다고 하신 곳이기 때문이기도 하지만, 성전은 우선 솔로몬의 기도와 관계가 있다.

성전의 의미

솔로몬이 성전을 다 지은 후 여호와의 언약궤를 지성소에 옮겼을 때이다. 하나님의 임재의 표현이었던 쉐키나의 영광이 임하였다. 자욱한 구름 속에 감춰진 하나님의 영광이었다.

> ⁶제사장들이 여호와의 언약궤를 그 처소로 메어 들였으니 곧 성전의 내소인 지성소 그룹들의 날개 아래라 … ¹⁰제사장이 성소에서 나올 때에 구름이 여호와의 성전에 가득하매 ¹¹제사장이 그 구름으로 말미암아 능히 서서 섬기지 못하였으니 이는 여호와의 영광이 여호와의 성전에 가득함이었더라 _왕상 8:6,10-11

그 놀라운 광경을 보고 있던 솔로몬은 감동하였다. 성전을 지은 자신이 매우 자랑스러워졌다.

> ¹²그 때에 솔로몬이 이르되 여호와께서 캄캄한 데 계시겠다 말씀하셨사오나 ¹³내가 참으로 주를 위하여 계실 성전을 건축하였사오니 주께서 영원히 계실 처소로소이다 하고 _왕상 8:12-13

듣는 뉘앙스에 따라서는 거할 곳도 없는 하나님이라고 오해할 수도 있다. 그러나 솔로몬이 그런 의도로 말한 것은 아니다. 온 세상에 가득하신 하나님이심을 솔로몬은 알고 있었다.

하나님이 참으로 땅에 거하시리이까 하늘과 하늘들의 하늘이라도 주를 용납하지 못하겠거든 하물며 내가 건축한 이 성전이오리이까
_왕상 8:27

그러나 솔로몬은 이같이 말하면서 놀라운 기도를 하였다. 솔로몬이 지은 성전에 하나님이 계시기를 요청한 것이다.

[29]주께서 전에 말씀하시기를 내 이름이 거기 있으리라 하신 곳 이 성전을 향하여 주의 눈이 주야로 보시오며 주의 종이 이곳을 향하여 비는 기도를 들으시옵소서 [30]주의 종과 주의 백성 이스라엘이 이곳을 향하여 기도할 때에 주는 그 간구함을 들으시되 주께서 계신 곳 하늘에서 들으시고 들으시사 사하여 주옵소서 _왕상 8:29-30

솔로몬은 이어 매우 구체적인 기도를 드린다. 그 중의 한 기도를 다니엘이 기억해서 기도한 것인지도 모른다.

[48]자기를 사로잡아 간 적국의 땅에서 온 마음과 온 뜻으로 주께 돌아와서 주께서 그들의 조상들에게 주신 땅 곧 주께서 택하신 성읍과 내가 주의 이름을 위하여 건축한 성전 있는 쪽을 향하여 주께 기도하거든 [49]주는 계신 곳 하늘에서 그들의 기도와 간구를 들으시고 그들의 일을 돌아보시오며 _왕상 8:48-49

솔로몬이 드린 기도는 이외에도 열왕기상 8장 27절에서 50장까지 계속되지만, 그 기도문들이 반복해서 쓰고 있는 구절은 '이곳(성전)을 향하여'라는 표현이다.

> 주의 종과 주의 백성 이스라엘이 이곳을 향하여 기도할 때에 주는 그 간구함을 들으시되 주께서 계신 곳 하늘에서 들으시고 들으시사 사하여 주옵소서 _왕상 8:30

> [41]또 주의 백성 이스라엘에 속하지 아니한 자 곧 주의 이름을 위하여 먼 지방에서 온 이방인이라도 [42]그들이 주의 크신 이름과 주의 능한 손과 주의 펴신 팔의 소문을 듣고 와서 이 성전을 향하여 기도하거든 _왕상 8:41-42

성전을 향하여 돌아서라

솔로몬은 성전에서 혹은 성전을 향하여 드리는 경우의 기도들을 하나님께 구체적으로 드렸다. 그리고 14일간 "하나님 여호와 앞에서 절기로"(왕상 8:65) 지킨 후 모두 자기 처소로 돌아갔는데, 하나님이 솔로몬에게 다시 나타나셨다. 그때 놀라운 말씀을 하셨는데, 그것은 솔로몬의 기도가 응답받았다는 뜻이었다.

> 여호와께서 그에게 이르시되 네 기도와 네가 내 앞에서 간구한 바를 내가 들었은즉 나는 네가 건축한 이 성전을 거룩하게 구별하여 내 이름을 영원히 그 곳에 두며 내 눈길과 내 마음이 항상 거기에 있으리니 _왕상 9:3

하나님이 솔로몬의 기도에 응답하셨다는 것은 하나님께서 성전, 곧 정해진 공간 안으로 들어오셔서 우리가 기도하는 것을 반드시 들으시겠다는 의미였다. 기도하는 우리를 위하여 하나님이 자신을 제한하시겠다는 뜻이었다. 정확히 말하면 성전은 하나님이 거하시는 제한된 처소는 아니지만, 성전을 하나님이 우리를 만나기 위해 당신을 제한하신 은혜의 장소로 삼으시겠다는 뜻이었다.

오늘 우리에게도 성전이 있다는 것은 중요하다. 특히 우리가 범죄하여 하나님께 도무지 나올 수 없을 때, 성전은 우리가 하나님께 나와 기도하는 통로가 되기 때문이다. 나아갈 수 있는 성전, 예배 처소가 있다는 사실이 큰 힘이 될 수밖에 없는 이유이다. 심지어 우리가 그곳에 들어서는 것만으로도 하나님은 죄로 인해 감히 나올 수 없었던 우리를 용서하시는 구실로 삼으시기 때문이다.

> ³⁵만일 그들이 주께 범죄함으로 말미암아 하늘이 닫히고 비가 없어서 주께 벌을 받을 때에 이곳을 향하여 기도하며 주의 이름을 찬양하고 그들의 죄에서 떠나거든 ³⁶주는 하늘에서 들으사 주의 종들과 주의 백성 이스라엘의 죄를 사하시고 그들이 마땅히 행할 선한 길을 가르

쳐 주시오며 주의 백성에게 기업으로 주신 주의 땅에 비를 내리시옵
소서_왕상 8:35-36

'성전을 향하여 서다.' 그것은 단순히 기도의 문제가 아니라 정체성의 문제임을 알 수 있다. 전혀 가늠할 수 없는 거리에 떨어져 있을지라도, 그 성전을 향하여 서기만 하여도 그곳에 하나님의 임재가 이루어지기 때문이다. 그러므로 성전은 하나님의 핑계다. 우리의 기도를 듣고 싶으신 하나님의 구실인 것이다.

그런 인식은 이스라엘에게 하나님이 언제나 자신들 곁에 계시다는 사실을 알게 하였다. 그곳이 어디든, 내가 성전을 향하는 순간 하나님의 임재가 이루어지기 때문이다.

오늘 우리도 같은 의미로 해석할 수 있다. 그래서 꿈이있는교회에서는 집사 직임을 줄 때 나침반을 선물한다. 세상 사는 동안 세상의 방향을 가리키는 사람이 되라는 의미가 있지만, 또 한 가지 중요한 의미는 성전을 향하여 기도하라는 뜻이다. 어디에 있든지, 어디를 가든지 자기가 섬기는 교회를 기억하고 몸을 돌리는 것만으로도 기도는 시작되기 때문이다.

절대 1시간 기도를 하는 데 성전은 중요하다. 특히 직장이나 가정에서 기도로 모드를 전환하는 것은 쉽지 않다. 그럴 때 자기가 섬기는 교회를 향하여 몸을 돌리는 순간 놀랍게 기도를 시작할 수 있을 것이다. 솔로몬이 했던 기도처럼 '성전 있는 쪽을 향하여' 기도하고자 할 때, 하나님 역시 우리 기도를 들으시려 주의하시기 때문이다.

기도 숙제

우리 기도의 힘은 성전에서 나온다고 해도 틀리지 않다. 한 시간 기도의 중요한 부분 중의 하나는 내가 성전을 향하여 고백하며 기도를 쌓아 놓는 교회 중심적 기도여야 한다는 것이다. 이를 위해 어디를 가든지 내가 섬기고 있는 교회의 방향을 생각하고 가늠해본다. 그리고 기도할 때 몸을 돌려 기도해보라.

절대 1시간 기도 : 16

기도 노트의 비밀

> 그들은 밤이나 낮이나 늘 잠잠하지 않을 것이다. 주님께서 하신 약속을 늘 주님께 상기시켜 드려야 할 너희는, 가만히 있어서는 안 된다. 늘 상기시켜 드려야 한다. _사 62:6(새번역)

파수꾼은 "밤이나 낮이나"(사 62:6) 잠잠할 수 없었다. 불경스럽지만 하나님께 상기시켜드리는 역할을 했다. 그렇다면 하나님은 우리가 상기시켜 드려야만 기억할 수 있다는 뜻인가?

모세의 기도 노트

이스라엘이 출애굽하여 가나안으로 가던 도중 시내산 광야에 머물 때였다. 모세가 십계명을 받아오는 기간을 참지 못하고 이스라엘은 금송아지 우상을 만들었다. 하나님은 그런 이스라엘에 대하여 진노하셔서 진멸할 계획을 말씀하셨다. 하나님의 계획은 진행될 수밖에 없는 상황이었다. 그때 모세가 놀라운 기도를 하였다.

> [12]주의 맹렬한 노를 그치시고 뜻을 돌이키사 주의 백성에게 이 화를 내리지 마옵소서 [13]주의 종 아브라함과 이삭과 이스라엘을 기억하소서 주께서 그들을 위하여 주를 가리켜 맹세하여 이르시기를 내가 너희의 자손을 하늘의 별처럼 많게 하고 내가 허락한 이 온 땅을 너희의 자손에게 주어 영원한 기업이 되게 하리라 하셨나이다 _출 32:12-13

"주의 종 아브라함과 이삭과 이스라엘을 기억하소서."
모세는 불경스럽게도 하나님이 이전에 맺은 약속을 기억하시라고 기도한 것이다. 그런데 놀라운 것은 하나님의 진노가 모세의 이 기도 때문에 철회되었다. 형식적으로 보면 하나님이 하셨던 약속을 모세가 기억하시게 한 것이다.

> 여호와께서 뜻을 돌이키사 말씀하신 화를 그 백성에게 내리지 아니하시니라 _출 32:14

그렇다면 정말로 하나님이 잊으신 것을 모세가 기억나게 했다는 뜻인가? 그렇지 않다. 오히려 모세가 기억하고 있었다. 모세의 기도가 놀라운 이유는 모세가 노트에 적어놓은 것처럼 정확하게 기억하고 있었다는 사실이다. 그래서 그의 기도는 매우 정확할 수 있었다. 모세가 하나님의 말씀을 듣고 그것을 깨달은 이래, 모세는 그것을 늘 기억하고 있었던 것이다. 모세는 머릿속에 말씀을 적어놓은 노트가 있었던 것이고, 그 말씀이 기도의 내용이 된 것이다. 모세는 일종의 기도 노트를 갖고 있던 것이다. 그래서 그는 매일 그 말씀을 기억하며 잊지 않았던 것이고, 이같은 기도를 드릴 수 있었다. 이처럼 하나님을 쉬지 못하시게 하는 것이 기도하는 사람의 일이라면, 기도하는 사람 자신이 먼저 기억해야 한다.

모세가 노트에 적어놓은 것처럼 기억했기에 절대 중언부언하는 기도가 될 수 없었다. 그냥 시간만 늘리는 기도는 더더욱 할 수 없었다. 늘 긴장하고 늘 깨어 있을 수밖에 없었을 것이다. 자신이 기록할 때의 감격과 강렬함이 모세의 매일 기도 속에 언제나 배어 있던 것이다. 모세의 기도의 근거는 기억이었고, 그 기억의 내용은 하나님의 약속 곧 말씀이었다. 말씀으로 기도하는 것이 강력할 수밖에 없는 이유이다.

많은 경우 기도의 사람들은 말씀을 통하여 기도의 힘을 얻고, 기도의 제목과 영감을 얻는다. 성경은 가장 확실한 하나님의 뜻이기 때문이다. 그런 의미에서 기도의 사람은 말씀의 사람일 수밖에 없다. 앞에서 살핀 것처럼 모세도 하나님을 압박하였지만, 솔로몬 역시 말씀으로 강하게 하나님을 압박하였다.

> 이스라엘의 하나님 여호와여 주께서 주의 종 내 아버지 다윗에게 말씀하시기를 네 자손이 자기 길을 삼가서 네가 내 앞에서 행한 것 같이 내 앞에서 행하기만 하면 네게서 나서 이스라엘의 왕위에 앉을 사람이 내 앞에서 끊어지지 아니하리라 하셨사오니 이제 다윗을 위하여 그 하신 말씀을 지키시옵소서 _왕상 8:25

이같은 점에 비춰볼 때, 우리의 기도 내용을 성경 말씀에 기초해서 하는 것은 지혜로운 방법이다. 그것이 언제나 옳은 기도 방법이고, 분명히 하나님의 뜻을 따르는 기도가 될 것이다. 또한 이같이 말씀을 따라 기도하는 우리는 언젠가 하나님의 뜻을 따르는 기도를 하게 될 것이다. 그러므로 성경 말씀을 기초로 해서 기도하는 것이 매우 유익하다. 다음은 그 예들이다.

> "한 시간도 깨어 있을 수 없더냐?"(막 14:37). 주님의 말씀에 마음이 무너집니다. 깨어 기도할 수 있는 기도자가 되게 도와주시옵소서.

> "나는 날마다 죽노라"(고전 15:31)는 고백이 나의 고백이 되게 하시고, 매일 하나님 앞에서 죽는 훈련을 게을리하지 않게 하소서.

"기록된 말씀 밖으로 넘어가지 말라"(고전 4:6). 마치 내 것인 양 교만하게 행동하지 않게 하시고 온전히 겸손함으로 당신을 좇게 하옵소서.

"나는 그리스도의 것"(고전 3:23)임을 잊지 않게 하시고, 담대하게 이 세상을 걸어가게 하옵소서.

예로 든 이 기도들은 100퍼센트 완전하게 하나님의 마음에 합한 기도일 수밖에 없다. 말씀에 기초하기 때문이다.

기도 노트 정리법

기도의 사람들의 공통점은 기도가 끊어지지 않는 것이다. 성령께서 기도하게 하시기 때문이고 기도 제목이 끊임없이 떠오르기 때문이다. 그것이 오랜 시간 동안 기도하는 비결이기도 하다. 그런 까닭에 말씀을 마음에 많이 두고 있는 사람은 그만큼 기도를 연속하여 할 수밖에 없다.

무엇보다 중요한 것은 성령의 역사로 인해 우리의 기도가 계속되는 것이다. 우리는 "마땅히 기도할 바를 알지 못하나 오직 성령이 말할 수 없는 탄식으로 우리를 위하여 친히 간구"(롬 8:26)하시므로 우리 역시 기도할 수 있는 것이다. 그러나 성령의 도움으로 기도하지 못하는 경우가 다반사인 까닭에, 우리 기도는 언제나 바닥을 드러내는 경우가 많다. 얼마 되지 않는 기도 제목을 다 사용한 것이다. 그러므로 오래 기도할 수 있는 관건은 기도할 제목을 얼마나 갖고 있느냐에 있다. 영적으로 성숙한 이들은 즉각 성령의 감동을 받으며 계속 주시는 기도 제목으로 기도할 수 있지만, 그렇지 못한 대부분의 사람들에게 필요한 것은 스스로 기도 제목을 확보하는 것이다. 기도 제목을 확보하는 방법 중에 역시 가장 좋은 것은 기도 노트를 준비하는 것이다. 그곳에 쓰여진 기도문을 읽는 것만으로도 기도할 힘을 가질 수 있기 때문이다.

기도문을 쓸 때는 크게 두 개의 카테고리로 나눠 쓰는 것이 좋다. 영적 성숙을 위한 '평생 기도'와 상황에서 발생하는 '일시적 기도'이다. 보통 나는 기도 노트의 앞 페이지부터 평생 기도를 쓰고, 뒤 페이지부터는 일시적 기도를 쓰고 있다.

우선 '평생 기도'에는 말 그대로 평생에 걸쳐서 기도할 내용을 적는다. 구도적 삶이나 영적 성숙을 위한 기도, 하나님 나라와 의를 구하는 내용으로 구성된다. 물론 평생 놓칠 수 없는 개인적 기도(예를 들어 자녀들을 위한 기도나 가족의 구원을 위한 기도 등)도 평생 기도에 포함될 수 있다. 예를 들면 이런 기도다.

기도가 부족하여 하나님의 일이 방해받지 않게 하시고 인간의 계획대로 진행되지 않게 하소서.

"나는 날마다 죽노라"(고전 15:31)는 고백이 나의 고백이 되게 하시고 매일 하나님 앞에서 죽는 훈련을 게을리하지 않게 하소서.

'평생 기도'를 적을 때는 일련번호를 붙이는 것이 좋다. 나의 기도 분량을 점검할 수 있기 때문이다. 나의 경우 기도문이 100개만 쌓여도 30분 이상 기도를 쉽게 할 수 있었다. 다음 사진은 평생 기도문을 적는 예(필자의 기도 노트)이다.

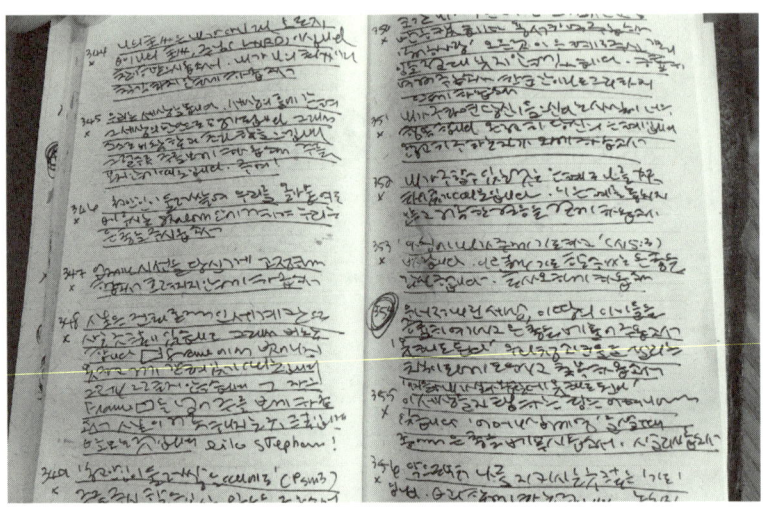

다른 하나는 '일시적 기도'이다. 대부분 응급 기도이거나 현재 상황에서 구해야 할 기도이지만, 시간이 흐르면 더 하지 않아도 될 기도들을 말한다. 예를 들면 이런 기도들이다.

○○○형제 아버님의 대장암 수술을 직접 집도하셔서 잘 되게 하시고 온전히 회복되게 하옵소서.

이번에 입사시험을 보는 ○○○자매를 축복하셔서 하나님의 은혜로 도와주시옵소서.

일시적 기도에 한 번 기도문을 적으면 최소한 6번을 기도하고, 필요하면 그 기도를 더 계속하는 것이 좋다. 그래서 나는 일시적 기도를 할 때마다 正 자 표시를 하면서 기도하고 6번째는 O 표시를 하고 마친다. 다음 사진은 일시적 기도 제목을 적는 예이다.

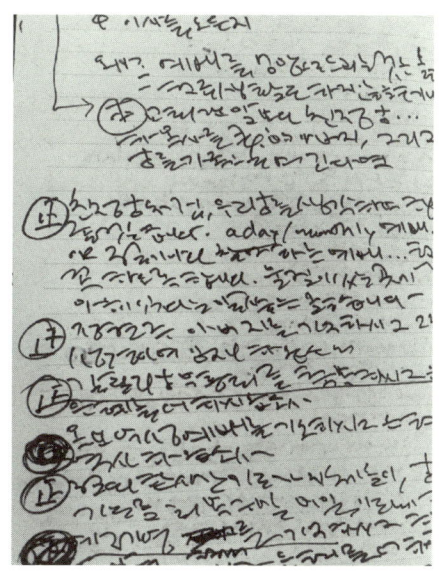

기도 노트를 사용하는 것만큼 기도 제목을 기억하는 더 좋은 방법은 없다. 기도 노트를 사용하면 우리 역시 모세처럼 기억하며 기도할 수 있다. 기도는 기도를 부른다. 또한 성령께서 기도를 도우시기 때문에, 비록 기도 노트의 제목들을 보며 먼저 기도를 시작했을지라도 더 깊은 기도로 들어설 수 있기 때문이다.

먼저 휴대하고 다니기에 편한 크기의 고급스러운 노트를 구입하여 자기의 기도 노트로 삼는다. 자신의 영적 성숙을 기대하면서 우선 앞 페이지의 평생 기도 부분에 생각나는 기도들을 적는다. 같은 방법으로 지금 기도가 필요한 개인적인 기도 제목들을 뒤 페이지부터 일시적 기도 부분에 적는다. (다음 사진은 필자의 기도 노트이다.)

 기도 숙제

당신의 기도 노트를 준비해서 먼저 적은 평생 기도 중에 소개할 수 있는 기도문을 한두 개 정도 적어보라.

_____

_____

_____

절대 1시간 기도 : 17

기도를
시작하라

    우리가 기도할 때 성령께서 도우셔서 기도 제목을 주시지만, 이미 우리가 쓴 기도문 역시 성령의 도우심으로 쓴 것들이다. 그런 까닭에 기도문은 성령의 감동을 기억하며 기도하는 것이므로, 기도문으로 기도할 때 그때의 은혜와 감동이 반복될 것이다.

    항상 잊지 말아야 할 것은 기도문을 쓰는 것 역시 기도라는 점이다. 그러므로 기도문을 적을 때 일차 기도가 이뤄지며, 그 기도 제목이 충분히 자신에게 이뤄졌다는 확신이 들 때까지 기도는 계속되어야 한다.

쓰는 것도 기도다

기도 노트에 기도문을 적는 것은 매일 놓치지 말아야 한다. 보통 하루에 적게는 1-2개에서 많게는 5-6개 정도로 쓰면 된다. 더 중요한 일은 매일 기도문을 적고 그 기도문으로 기도하는 것이다.

기도를 위한 준비

이미 기도를 시작한 사람도 있겠지만 본격적으로 한 시간 기도를 시작하면서 점검하고 준비할 것들을 확인하고자 한다. 준비된 것들을 (   )에 O표로 확인한다.

❶ 기도 노트는 준비되었는가? (   )

❷ 하루 세 번의 기도 시간은 정해졌는가? 무엇보다 중심기도 시간은 정해져 있는가? (   )
  언제인지 적어보라. (   )

❸ 일천 개의 기도문을 쓸 때까지 함께 기도하고 격려할 지체들이 있는가? (   )
  이미 정했다면 그들의 이름을 쓰고, 없다면 최소한 1명 이상 함께 할 사람들을 찾는다. 그들이 누구인지 이름을 적어보라.
  (/   /   /   /   )

❹ 절대 1시간 기도를 시작하면서 이 기도 사역을 도와달라고 영적 지도자들에게 부탁한다. 그들이 누구인지 이름을 적어보라. 가능하면 사인을 받아두면 좋다.
(/   /   /   /   )

기도문을 적고 사용할 때

기도 노트에 기도문을 적을 때 주의할 것과 기도문을 사용할 때 주의할 것이 있다.

❶ **평생 기도가 중요하다.**
'평생 기도'와 '일시적 기도'를 구분하여 따로 적어야 한다. 일천 개의 기도문을 적는 것은 영적 성숙에 초점을 둔 '평생 기도'에만 적용한다. 물론 '일시적 기도'도 중요하다. 대부분 긴급한 기도들이 많이 있을 것이기 때문이다. 그래도 우리가 '평생 기도'를 중요시하는 이유는 '절대 1시간 기도'의 일차 목표가 기도의 사람이 되는 것이기 때문이다.

❷ **기도문체로 쓴다.**
기도문체로 써야 하는 이유는 읽을 때 바로 기도가 되도록 하기 위함이다. 기도문의 길이는 두세 줄 정도가 적당하지만 더 길어도 상관은 없다.
예) 가장 큰 문제는 바로 나 자신입니다. 나를 회복시키시고 매일 새롭게 하시는 은혜로 나가게 하옵소서. 프로그램된 모든 죄, 익숙한 죄, 특히 나에게 합리화된 죄로부터 단절하는 결단이 있게 하옵소서.

❸ 일련번호를 붙인다.

매일 기도문을 몇 개씩 써 내려갈 때 일련번호를 붙이는 것이 중요하다. 이때 100개, 365개, 500개, 700개, 1000개 목표를 두고 기도문을 쓰는 것이 동기부여가 될 수 있다. 또한 일련번호와 함께 한두 달에 한 번씩 날짜를 적어 나중에 내 영적 상태의 변화를 돌아볼 수 있게 한다.

❹ 최근에 쓴 기도문부터 거슬러 기도한다.

기도할 때는 매일 기도문을 쓰면서 기도하는 것과 함께 이전에 썼던 기도문들을 순서대로 읽으면서 기도한다. 만일 오늘 쓴 기도문이 평생 기도 67, 68, 69번이라면, 오늘은 먼저 이 기도문으로 기도한 후 평생 기도 66에서부터 시작하여 65, 64 등의 순서로 거슬러 올라가며 기도한다. 그러다 35번에서 기도가 멈췄다면 내일은 같은 방법으로 새로운 평생 기도를 적은 후, 어제에 이어 34번부터 거슬러 기도를 계속한다. 그리고 1번까지 다 끝나면 다시 최근 기도부터 시작하여 거슬러 올라가며 기도하면 된다.

❺ 저자의 평생 기도문 100개를 참고하라.

기도문을 쓸 때 부록으로 붙인 저자의 평생 기도문 100개를 먼저 사용하면 도움이 될 것이다. 그 기도문들은 하정완 목사의 기도이지만 100개 중에 어떤 기도는 독자 자신에게 적용되는 기도문일 수 있다. 그러므로 저자가 쓴 100개의 기도문을 읽으면서 자신에게 맞는 기도문은 그대로 혹은 수정해서 사용하기를 권한다. 이 방법이 유익한 이유는 저자의 기도문을 사용하면서 자신만의 기도문 형식이 형성될 것이기 때문이다.

절대 1시간 기도 십계명

우리의 일차 목표는 '하루 한 시간 기도'를 드리는 것이다. 이를 위해 '하루 세 번 기도' 원칙을 지키는 것이 중요하며, '절대 1시간 기도'의 목표는 '일천 번의 기도'를 성취하는 것으로 삼아야 한다.

이제 우리가 기도를 시작하면 성령께서 우리를 도우실 것이다. 분명 우리는 새로운 기도의 경험을 하게 될 것이다. 우리는 간절함의 추구와 성령의 도우심으로 말미암아 놀라운 기도자의 삶을 살게 될 것이다.

'절대 1시간 기도'를 시작하면서 다음의 원칙들을 십계명처럼 마음에 두고 진행하기를 바란다.

절대 1시간
기도 십계명

1 잠에서 깰 때는 언제나 기도로 입을 연다.
2 기도 없이 하루를 시작하지 않는다.
3 기도할 수 없을 때는 없다. 오히려 기도하기 어려울 때 기도한다.
4 기도는 숨을 쉬듯 일상적인 일이 되어야 한다.
5 기도하지 않는 것이 가장 치명적인 죄이다.
6 응답 없는 기도는 없다. 하나님은 기도를 들으신다.
7 늘 기도 노트를 지니고 다니며 수시로 기도한다.
8 기도가 쌓이면 기도는 자연스러워진다.
9 기도에 실패하면 모든 것에 실패한 것이다.
10 기도가 부족하여 주님의 일이 방해받으면 안 된다.

부록 01

저자의 평생 기도문 샘플 100

절대 1시간 기도 훈련을 마치면서, 저자가 개인적으로 기록한 일천 개의 기도문 중에 실제적이라고 생각되는 100개의 기도문을 공개한다. 이 기도문들은 나의 개인적인 기도문이지만, 수도적 삶을 사는 신자들에게 필요한 기도문이 되리라 생각하는 것들이다. 필요하다면, 내가 쓴 이 기도문들 중에 어떤 기도문은 자신의 기도문으로 사용해도 좋다. 하루 한 시간 기도의 소원을 이루는 제자가 되기를 바란다.

001 "한 시간도 깨어 있을 수 없더냐"(막 14:37). 주님의 말씀에 마음이 무너집니다. 늘 깨어 있어 절대 1시간 기도가 가능한 기도자가 되게 도와주옵소서.

002 기도를 쉬는 것은 죄입니다. 기도가 부족하여 하나님의 일이 방해받지 않게 하시고, 인간의 계획대로 진행되지 않게 하옵소서.

003 가장 큰 문제는 바로 나 자신입니다. 나를 회복시키시고 매일 새롭게 하시는 은혜로 나가게 하옵소서. 모든 프로그램된 죄, 익숙한 죄, 특히 나에게 합리화된 죄로부터 단절과 결단이 있게 하옵소서.

004 이 시대의 위기는 죄가 관영한 것보다 깨닫고 회개하는 일이 벌어지지 않는 것입니다. 그것이 죄의 관영을 이끕니다. 주님, 불쌍히 여기셔서 회개의 영을 주시옵소서.

005 일상이 특별한 날입니다. 매일 하루도 쉬지 않고 기도하는 영성을 주옵소서.

006 "믿음으로 믿음에 이르게 하나니"(롬 1:17). 그러므로 하나님을 의존합니다. 나의 믿음은 하나님의 믿음에서 나오기 때문입니다. 온전하게 주를 믿게 하옵소서.

007 성경의 사람이 되게 하옵소서. 성경이 말하는 대로 행동하고 성경이 말하는 대로 걸어가게 하옵소서.

008 기도를 쉬는 것은 죄입니다. 기도 쉬는 죄를 범치 않게 하시고 늘 깨어 기도하게 하옵소서.

009 주님이 모든 계획을 세우셨습니다. 그러므로 이루실 것입니다. "그래도 … 이루어 주기를 내게 구하여야 할지라"(겔 36:37)는 말씀에 청종합니다. 기도를 놓치지 않게 하옵소서.

010 기도 없이는 행동하지 않게 하소서. 기도가 나의 행동이 되게 하옵소서.

011 제자의 자격은 훈련에 있습니다. 구원은 믿음으로 받지만 쓰임받는 조건은 훈련입니다. 자기 부정이 이뤄지고 자기를 통제하지 않은 자의 무너짐을 봅니다. 영으로 육을 제어할 만한 (롬 8:13) 영성이 있는 자로 성숙하게 하옵소서.

012 "나는 날마다 죽노라"(고전 15:31)는 고백이 나의 고백이 되게 하시고 매일 하나님 앞에서 죽는 훈련을 게을리하지 않게 하소서.

013 가만히 있어도 먼지가 생기듯이 어느 날 슬그머니 죄가 쌓이고 솥 안의 개구리처럼 멸망합니다. 끝이 오기 전에 깨닫게 하시고 크고 놀라운 비밀을 발견하게 하옵소서.

014 26세 아펜젤러, 25세 언더우드, 25세 히스기야 그리고 예수를 따르던 청년 제자들처럼 매일 자기를 개혁하며 거룩을 추구하게 하옵소서.

015 성숙하지 않은 자의 십자가는 원시적인 무기가 될 수 있습니

다. 그 의미를 깨닫고 온전한 지식을 가진 성숙에 이르게 도와주옵소서.

016 세상의 지혜와 이룬 것을 자랑하지 말고, 세상에 대하여 어리석은 것을 자랑하며 그리스도같이 자기 비움을 자랑하게 하옵소서.

017 주 안에서라도 자랑하지 말게 하시고 오로지 나를 나 되게 하신 "주를 자랑"(고전 1:31)하게 하옵소서. 나의 나 된 것은 주의 은혜이기 때문입니다.

018 아무도 보지 않을 때 우리는 무너집니다. 언제나 하나님을 의식하며 현존하시는 하나님과의 온전한 연합이 이뤄지도록 인도하옵소서.

019 하나님의 영을 부어주셔서 닫힌 눈이 열리게 하시고 귀가 뜨이게 하시며, 완악한 마음이 깨닫게 하옵소서.

020 "예수 그리스도와 그가 십자가에 못 박히신 것 외에는 아무것도 알지 아니하기로 작정"(고전 2:2)한 바울처럼 나도 인간적 지혜를 내려놓고 오직 주님께만 집중하게 하옵소서.

021 "개가 토한 것을 도로 먹는 것 같이"(잠 26:11) 반복적인 죄를 짓지 아니하고, 늘 깨어 하나님 앞에 서게 도와주옵소서.

022 "만일 하나님의 뜻이면"(행 18:21). 내 뜻이 아니더라도 하나님

의 뜻이면 행동하는 예수 중심 신앙을 갖게 하옵소서. 그런 성숙에 이르도록 이끄시옵소서.

023 기도가 쌓여 기도가 기도하는 놀라운 축복을 누리는 기도의 사람이 되게 하옵소서.

024 예수가 결론이 되게 하옵소서. 삶의 모든 방향이 오직 예수 그리스도에게 초점을 두게 하시고 종말론적인 신앙을 갖게 하옵소서.

025 하나님을 더 알기를 소망합니다. 절구통에 넣어 빻아도 새로워지지 않는 존재가 아니라 하나님의 뜻을 분별할 수 있는 지혜로 가득한 존재가 되기를 원합니다.

026 하나님의 지혜가 가득하여 도무지 알 수 없던 것들을 깨닫게 하시고 새로운 길을 걷고 제시하는 종이 되게 하옵소서.

027 솔로몬이 지혜를 구하고 하나님을 추구함으로 놀라운 지혜를 얻었습니다. 그러나 그것으로 끝나지 말게 하시고 더 깊은 지혜에 이르도록 인도하옵소서.

028 죄는 모양이라도 버리게 하시고, 자신을 과신하지 않고 언제나 깨어 죄를 멀리하게 하옵소서.

029 "모든 육체는 풀과 같다"(벧전 1:24)는 사실을 자주 잊습니다. 나의 존재됨을 잊어버리고 삽니다. 나 자신이 누구인지를 깨

달고 바르게 사는 존재가 되게 하옵소서.

030 기도하기를 쉬는 것이 죄라는 것을 깨달은 만큼 기도의 깊이가 깊어지게 역사하시옵소서.

031 내 마음대로, 내 뜻대로 하나님을 믿는 것이 아니라 하나님의 뜻대로, 하나님의 마음대로 사는 성숙을 원합니다. 우리를 긍휼히 여겨주옵소서.

032 "영적인 일은 영적인 것으로 분별"(고전 2:13)합니다. 영적인 것들이 인간의 지혜에 의해 드러날 리가 있겠습니까? 아는 것이 흉내내는 것임을 압니다. 그것을 깨닫습니다. 온전한 깨달음으로 구원에 이르고 또한 성숙으로 구원을 증명하게 하옵소서.

033 영적인 자가 성숙하지 못하면 육체로 삽니다. 구원받았지만 육체입니다. 그럴 수 없습니다. 주여, 도와주옵소서.

034 "진주를 돼지 앞에 던지지 말며"(마 7:6). 소중한 주의 복음을 내팽개치고 사는 어리석은 자가 되지 않게 도와주시옵소서.

035 기도의 특별함은 일상성에 있습니다. 놓치지 않고 나의 일상의 기도를 지키게 도와주옵소서.

036 "전에 하던 대로"(단 6:10) 기도한 다니엘처럼, 저도 언제나 동일한 그 자리에서 기도하는 기도 라이프 스타일을 지키게 도와주옵소서.

037 무엇이 잘되지 않고 막힘이 있을 때 민감하게 주님을 보게 하시고 주님의 뜻을 묻게 하옵소서.

038 "자기를 비워 종의 형체를 가지사 … 사람의 모양으로"(빌 2:7-8) 나타나신 주님, 나도 비우게 하시고 겸비를 따르게 하옵소서.

039 잊지 않게 하옵소서, 경성하여 깨어 있게 하옵소서. 다 말라 비틀어지더라도 이젠 주만 따르게 하옵소서.

040 매일 비우고 비우고 또 비우고 또 비웁니다. 주여 오시옵소서. 주여 채우시옵소서. 내 안에 성령으로 충만하시옵소서.

041 기도로 하나님 보좌를 움직입니다. 내 기도가 그리 중하다는 것을 잊지 않게 하시고 끝까지 간구하게 하옵소서.

042 기도하는 것이 쉼이고 말씀이 음식이며 예배가 쾌락입니다. 내게 다른 방법으로는 쉼은 없습니다. 주님, 감사합니다.

043 "보라 내가 새 일을 행하리니"(사 43:19). 매일 매일 우리를 위해 새 일을 행하시는 주님을 기억합니다. 그 준비하신 일들을 따라갈 수 있게 힘을 주옵소서.

044 "쉬지 말고 기도하라"(살전 5:17). 그래서 쉬지 않습니다. 늘 당신으로 호흡하기 위해 긴장합니다. 주여, 늘 그리 살도록 도와주시옵소서.

045 나보다 앞서 모든 일을 행하시고 거룩한 계획을 이루시는 주님. 내 안에 "착한 일을 시작하신"(빌 1:6) 것을 믿습니다. 끝까지 잘 걸어가게 도와주시옵소서.

046 "나 외에 다른 신은 없다"(사 45:5). 그렇습니다. 하나님 외에 다른 신은 내게 없습니다. 나의 하나님 되신 주를 찬양합니다.

047 늘 피곤한 것은 영적 문제입니다. 내 육체를 함부로 쓰므로 영적인 문제를 일으키지 않도록 시간을 적절하게 조정하는 지혜를 주옵소서.

048 내 안에 생긴 더러움의 인식과 깨달음이 소멸되지 않게 하옵소서.

049 이성 없는 짐승같이 폭주하는 세상 가운데 있습니다. 세상의 브레이크가 되게 하시고 바른길로 이끄는 방향이 되게 하옵소서.

050 나는 '그리스도의 것'(고전 3:23)임을 잊지 않게 하시고 담대하게 이 세상을 걸어가게 하옵소서.

051 주님이 오신 곳이 이 세상임을 잊지 않게 하시고, 세상을 설득하고 만나는 작업을 게을리하지 않게 하옵소서.

052 모든 것이 드러날 때 정직하게 고백하게 하시고 하나님 앞에 성결하게 하옵소서.

053 계시되지 않으면 알 수 없지만, 계시되어도 마음에 열망이 없으면 닫힌 간구가 됩니다. 주여, 우리 마음을 회복시켜주옵소서.

054 늘 주님을 손님처럼 받아들이고 취급했던 것을 용서하옵소서. 이제 주인으로 인정합니다. 나의 주여! 오시옵소서.

055 나의 나 된 것, 나의 모든 것은 다 주님으로부터 온 것입니다. 내 것이 아닙니다. 모두 주님의 은총입니다. 잊지 않게 하옵소서.

056 하나님께 자원함으로 가장 기본인 예배를 드리고, 하나님의 말씀을 읽고 묵상할 때, 하나님의 음성을 듣고 기도할 때 하나님과 친밀함을 누리며 매우 심플한 삶을 살게 하옵소서.

057 내가 훈련되지 못하여 자신을 제어하지 못하며 죄를 반복하는 것은 하나님을 능욕하는 행위입니다. 주여, 불쌍히 여기시옵소서.

058 "그로 쉬지 못하시게 하라"(사 62:7). 그러므로 쉬지 않고 기도합니다. 시대의 위기는 기도를 쉬는 것입니다. 쉬지 않고 기도하게 하옵소서.

059 기도를 더 구체적으로 하게 하셔서 디테일에도 구원이 이뤄지게 하옵소서. 그리하여 작은 순간도 소홀히 하지 않고 주를 바라보게 하옵소서.

060 만유의 주재이신 하나님, 어디에나 가득한 하나님의 흔적을 발견할 수 있는 영성을 종에게, 사랑을 종에게 허락하옵소서.

061 모든 것이 잘될 때에도 하나님을 잊지 않게 하시고, 온전한 경주를 하게 하시고 주의 뜻을 추구하게 하옵소서.

062 "버러지 같은 너 야곱아"(사 41:14). 버러지 같은 내가 하나님의 일을 할 수 있다니, 주님 전심으로 주어진 일을 감당케 하시고 그리 살 수 있게 하시니 감사합니다. 내겐 영광이요 지극한 면류관입니다.

063 절대 교만하지 않게 하옵소서. 분명히 예수 그리스도로 말미암아 의인이지만 원래 흉악한 죄인이었음을 잊지 말게 하옵소서. 언제든지 현상적인 죄인이 될 수 있음을 잊지 말게 하옵소서.

064 거룩하게 하옵소서. 영적인 깊이에 들어가게 하시고 가장 중요한 가치를 놓치지 않고 살게 하옵소서.

065 괜찮은 죄는 없습니다. 사소하게 여기지 않게 하시고 언제나 깨어 있도록 종을 도우시옵소서.

066 "내가 거룩하니 너희도 거룩할지어다"(레 11:45). 늘 거룩을 추구하게 하옵시고 하나님의 은총 안에 온전히 거하게 하옵소서.

067 티끌 같은 존재임을 인정합니다. 그 재 가운데서 우리를 이끌어내셨으니 감사합니다. 다른 존재로 살겠습니다. 도와주옵소서.

068 거룩은 일상 속에서 하나님을 의식하는 것입니다. 먹든지 마시든지 모든 여정 속에서 하나님을 인정하는 종이 되게 하옵소서. 거룩을 추구하게 하옵소서.

069 기도는 호흡입니다. 쉴 수 없습니다. 쉬지 않습니다. 당신으로 늘 숨쉬는 기도의 삶을 놓치지 않겠습니다. 주여, 나의 사랑을 받아주시옵소서.

070 날마다 쉬지 않고 하나님 곁에서 친밀하게 호흡하듯이 늘 좇아가게 하옵소서. 어느 날 에녹같이 주님이 나를 데려가실 때까지 성실하게 걷게 하옵소서.

071 살이 베어지는 것 같은 고통, 모든 정신이 선명하게 깨어 있는 고통의 상황에서도 냉철한 이성으로 예수를 인정하고 부정하지 않는 삶을 살게 하옵소서.

072 "나의 주 예수 그리스도여"(고전 6:11). 그 이름을 의지하여 하나님께 나아갑니다. 우리를 거룩하게 하옵시고 은혜를 베풀어 주옵소서.

073 "악은 어떤 모양이라도 버리라"(살전 5:22). 그 말씀대로 삶의 영역에서 주님을 기억하며 좇는 거룩한 종이 되게 하옵소서.

074 열심히 공부하게 하옵소서. 주님 알기를 멈추지 않게 하시고 깊은 영적 추구가 나의 구도적 삶이 되게 하옵소서.

075 내 부정한 입술을 때립니다. 하나님을 높이는 말을 하지 못한 내 더러운 입을 때립니다. 불쌍히 여기시옵소서. 용서하시옵소서.

076 "성경대로"(고전 15:3) 그리스도께서 죽으시고 부활하셨습니다. 성경 밖으로 나가지 말게 하시고 온전히 하나님의 은혜 안에 견고하게 하옵소서.

077 "아침에 내가 주께 기도하고"(시 5:3) 바랍니다. 이렇게 기도할 수 있는 은총을 감사드립니다. 늘 사모하게 하옵소서.

078 우리가 인생인 것을 알게 하옵소서(시 9:20). 언젠가 사라질 존재임을 잊지 않게 하시고 늘 하나님께 기대어 살게 하옵소서

079 악인은 마음에 하나님이 계실 방을 만들지 않고 자기로 가득 채워진 존재입니다. "There is no room for God"(시 10:4). 주님, 늘 빈방을 준비합니다. 내 안에 들어와 거하시옵소서.

080 나는 더 성장해야 합니다. 게으르지 않게 하시고 더 열심히 공부하고 준비하며 하나님을 추구하게 하옵소서. 도와주옵소서.

081 나만의 "아라비아 사막"(갈 1:17)으로 늘 걸어가게 하옵시고 하나님 앞에서 온전한 단독자로 서게 인도하옵소서.

082 우리가 하나님을 믿지만 하나님이 우리를 믿고 계십니다. 잊지 않겠습니다. 하나님의 믿음을 따라 사는 존재가 되길 소원

합니다. 아멘!

083 "크리스쳔은 거룩한 세속성을 가져야 한다"(본회퍼). 진심으로 옳습니다. 거룩한 세속성을 가진 종이 되길 원합니다.

084 "주의 손이 주야로 나를 누르시오니"(시 32:4). 주님의 누르심(pressure)을 경험할 수 있는 영적 깊이를 주셔서 늘 당신과 함께 걸어가게 복 주옵소서.

085 "내 기도가 내 품으로 돌아왔도다"(시 35:13). 우리의 작은 선, 신음, 기도를 잊지 않으시고 은혜를 베푸시는 주여, 감사합니다.

086 자유함으로 하나님을 섬기고 하나님을 추구하며, 하나님의 뜻을 따라 살게 하옵소서. 스스로 문설주에 대고 귀에 못을 박은 종처럼(출 21:6) 스스로 자발적인 종으로 살기 원하오니 도와주옵소서.

087 "한 뼘 같은"(시 39:5) 인생임을 잊었습니다. 천년 만년 살 것처럼 인생을 허비했습니다. 인생을 허비한 죄를 회개합니다. 주여!

088 매일 죽음 앞에 섭니다. 하루를 종결하며 나의 시간을 돌아봅니다. 온통 죄뿐입니다. 용서하옵소서. 회개합니다. 주님.

089 아픈 것도 하나님께 불충입니다. 자기 몸을 잘 돌보며 살게 하옵소서. 겸손한 삶을 살도록 하옵소서.

090 모든 것이 사라져도 주는 나의 주님이십니다. 주를 믿는 혜택도 없고 이 세상 모든 것이 먼지처럼 사라져도 오직 주님만이 나의 주님이십니다.

091 하나님을 아는 일에 게으른 자가 되지 않게 하시고 오직 하나님만 추구하는 종이 되게 하옵소서.

092 "날마다 우리 짐을 지시는 주"(시 68:19). 그렇습니다. 당신께서 우리의 짐을 지시고 은총을 베푸십니다. 그 길을 놓치지 않고 걸어가게 하옵소서.

093 "마음의 경영은 사람에게 있어도 말의 응답은 여호와께로부터 나오느니라"(잠 16:1). 계획은 제가 세우더라도 결정은 하나님이 하십니다. 오로지 나를 위해서입니다. 감사합니다.

094 "십자가 없는 복음은 가짜 복음이고, 십자가 없는 설교는 왜곡된 것이며, 십자가 없는 교회는 더 이상 교회가 아니다." 진실로 옳습니다. 우리가 져야 할 십자가를 지게 하옵소서.

095 구원은 여호와께 있습니다(시 3:8). 내게 있지 않습니다. 잊지 않게 하시고 온전히 주를 신뢰하며 걸어가게 하옵소서.

096 깨달음(복음)의 강요는 즐겁습니다. 그 즐거움을 놓치지 않고 즐거운 헌신과 희생, 종의 즐거움을 누리게 하시니 감사합니다.

097 끝까지 가지 않으면 알 수 없습니다. 합력하여 선을 이루는(롬

8:28) 그 놀라운 경험을 알 리가 없습니다. 끝까지 걸어가게 하옵소서.

098 기도를 쉴 때 내가 무너지고 내가 사라지는 것임을 잊지 않게 하옵소서. 기도가 생명이고 나와 사람을 살리는 힘임을 잊지 않게 하옵소서.

099 "마음은 다함이 없고 수고는 끝이 나지 않는다." 이 삶은 계속될 것입니다. 그러므로 주를 위한 시간은 반드시 구별해야 합니다. 그것이 거룩한 삶입니다. 주여! 주를 위해 사는 즐거움을 놓치지 않게 도와주옵소서.

100 오로지 하나님의 은혜로 우리가 삽니다. 우리 믿음이라는 것도 신뢰할 수 없습니다. 오직 하나님의 은혜뿐입니다. 주여, 우리를 긍휼히 여기사 끝까지 이 믿음의 경주를 하게 도와주옵소서.

부록 02
독자의 평생 기도문 실습 100

*001

*002

*003

004

005

006

007

008

009

010

011

012

013

부록

❧ *014*

❧ *015*

❧ *016*

❧ *017*

❧ *018*

019

020

021

022

023

024

025

026

027

028

029

030

031

032

033

034

035

036

037

038

*039

*040

*041

*042

*043

044

045

046

047

048

049

050

051

052

053

054

055

056

057

058

059

060

061

062

063

064

065

066

067

068

069

070

071

072

073

074

075

076

077

078

079

080

081

082

083

부록 177

084

085

086

087

088

089

090

091

092

093

094

095

096

097

098

099

100

부록 03

기도의 긴장감이 떨어질 때

*이 부록은 최소한 300개 이상의 기도문을 쓰고 기도하다가,
기도가 그냥 습관이 된 것 같거나 기도가 잘 되지 않고,
무엇인가 힘들고 답답해질 때 읽어보기 바란다.

300개 이상 기도문을 쓸 정도로 꾸준히 기도해왔는데, 어느 순간 기도가 약간 정체된 느낌이 들 수 있다. 특히 같은 기도문으로 반복해서 기도하는 것이 뭔가 지루해질 수도 있다.

1 같은 기도문을 반복해서 기도하면서 기도의 긴장감이 떨어질 때는 어떻게 해야 하는가?

이같은 현상은 비록 평생 기도문이라도 같은 기도문을 반복해서 기도하면서 그 기도를 충분히 했다는 생각이 들기 때문에 생기는 것이다. 그때는 그 기도문을 기도하는 항목에서 빼는 것이 좋다. 나의 경우 그런 기도문 앞에 X 표시를 하고 제외시킨다. 물론 아주 제외하는 것은 아니라 일정한 시간이 지나면 X표한 기도문을 다시 사용하여 기도할 필요도 있다. 진정으로 그 기도를 극복한 것이 아니라 일시적인 극복일 수도 있기 때문이다.

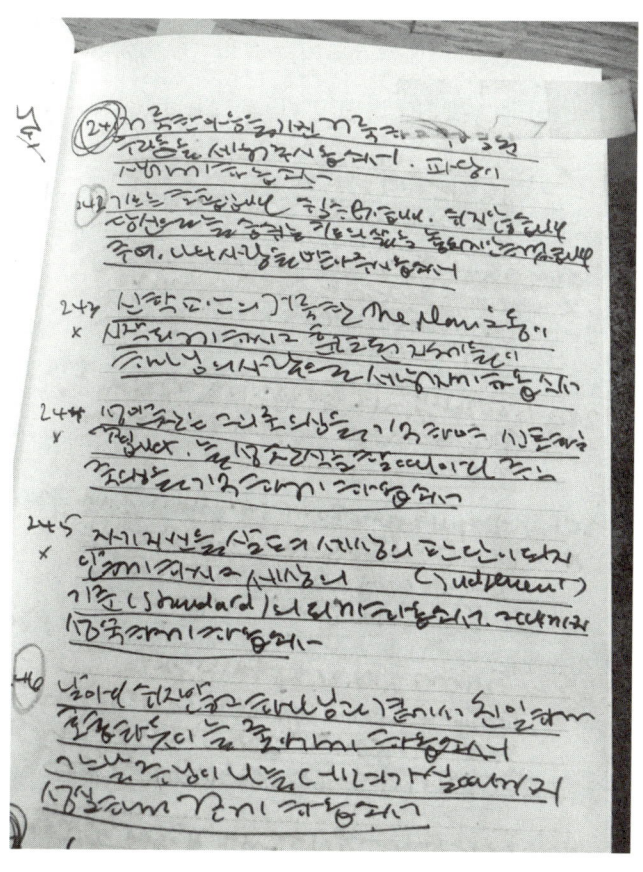

2 보통 300개를 넘어 500개, 700개 정도 이상의 기도문을 갖게 되면 한번에 전체를 기도하는 것이 힘들어진다. 그럴 때는 어떻게 해야 하는가?

앞에 설명한 것처럼 극복된 기도나 유사한 기도들은 X표를 표기하여 건너뛰어 기도한다. 그것만으로도 기도문이 줄어든 까닭에 기도의 속도가 빨라져서 긴장감을 회복할 수 있다.

동시에 기도하면서 깨닫게 되는 매우 중요한 기도문 번호에 O표를 표시하는 것이 필요하다. 이렇게 하면 그동안 쓴 전체 기도문을 하루에 기도하고 싶을 때 매우 효과적으로 기도하기가 가능해진다. O표한 기도문 중심으로 기도하면 되기 때문이다(앞의 사진 참고).

3 기도문을 사용하며 계속 반복해서 기도하는 것이 의미가 있을까?

그동안 우리의 기도는 심각하지 않았다. 우리는 기도를 한두 번 정도 하고 너무 쉽게 끝을 냈다. 특히 영적 성숙에 대한 기도나 반복된 죄의 기도는 이길 때까지 계속 되어야 하는데, 보통은 일시적으로 기도하고 끝낸 것이다. 그렇게 한 것은 그 죄나 문제를 극복한 것처럼 느껴졌기 때문이다. 하지만 극복된 것이 아닐 수 있다.

실제로 자신을 묶고 있는 강력한 죄의 문제들은 오랜 시간 동안 만들어진 것이다. 그런 까닭에 어느 순간 다시 슬그머니 나올 수가 있다. 그러므로 그 죄를 해결하는 것 역시 오랜 시간이 필요하다. 그래서 반복해서 기도해야 한다. 잊지 않고 늘 깨어 주시하기 위함이다. 진정으로 극복될 때까지 말이다.

4 비록 O표를 했지만 그 기도문에 집중하지 못하고 마치 숙제하듯이 기도문을 읽고 기도하는 현상이 발생할 때는 어떻게 하는 것이 좋은가?

충분히 그럴 수 있다. 그럴 때는 그동안 적은 기도문 전체를 한 번에 다 기도하려 하지 말고 한 기도문씩 찬찬히 읽으며 기도하고, 한 기도문씩 그 기도에 머물러 깊이 묵상하며 기도하는 것이 좋다. 내가 드리는 그 기도문을 씹어 먹어 자신에게 적용시키며 기도하는 것이다.

5 왜 기도는 반복되더라도 계속 되어야 하는가?

반복해서 계속 기도하는 것은 간절하다는 것을 말하고 싶기 때문이다. 또한 반복하여 탄원한다는 것은 자기 마음대로 살지 않고 하나님께 의존하여 살겠다는 강력한 의지의 표현이기 때문이다. 사실 주님도 그렇게 기도하기를 원하셨다.

> [5]이 과부가 나를 번거롭게 하니 내가 그 원한을 풀어 주리라 그렇지 않으면 늘 와서 나를 괴롭게 하리라 하였느니라 [6]주께서 또 이르시되 불의한 재판장이 말한 것을 들으라 [7]하물며 하나님께서 그 밤낮 부르짖는 택하신 자들의 원한을 풀어 주지 아니하시겠느냐 그들에게 오래 참으시겠느냐_눅18:5-7

기도가 최고의 준비다

바울이 2차 전도여행 중 마게도냐 환상을 보고 빌립보로 넘어갔지만 여러 날 동안 뾰족한 수가 생기지 않았다. 그렇게 시간이 지나가고 있었다. 며칠이 지났는지 특정할 수 없다. 그러다 안식일을 만났다.

　　이 성에서 수일을 유하다가_행 16:12b

　한글 성경에 '수일', '며칠 동안'이라고 번역된 헬라어 '헤메라 티나스'의 의미는 약간 모호하다. 그래서 영어성경은 한글 성경보다 훨씬 더 다양하게 'several days'(NIV), 'certain days'(KJV), 'for some days'(NASB) 등으로 번역하였다. 이처럼 다양한 이유는 형용사 '티스'의 의미가 렉시콘의 어떤 해석처럼 '오랜 기간'을 말하기도 하는 등 광범위하기 때문이다. 여하튼 여러 날 동안 시간이 흘렀다. 그것은 그냥 시간이 흐르는 것을 의미한다. '수일'이라는 말 외에는 기록할 것이 없었다. 시간이 흘렀지만 기록할 것이 없었던 것이다.

　우리에게도 동일하다. 우리의 시간은 지나간다. 우리가 세상에서 무슨 일을 하든, 심지어 세상이 기막히게 주목받는 일을 하여도 그냥 시간에 불과하다. 기도가 없는 시간은 하나님과 관계없는 시간일 뿐이다. 그 시간 동안 아무것도 하지 않는 것은 아니지만 그냥 시간이 흘러간다.

바울도 그렇게 시간을 보냈다. 비록 마게도냐 환상을 보고 빌립보를 넘어갔지만 시간이 멈춘 것이다. '수일'이라는 기록이 멈추고 바울의 사역이 시작된 것은 기도할 곳을 찾아 나섰을 때였다.

> 안식일에 우리가 기도할 곳이 있을까 하여 문 밖 강가에 나가 거기 앉아서 모인 여자들에게 말하는데_행 16:13

바로 그때부터 시간이 움직였다. 수일 동안의 일을 전혀 기록하고 있지 않던 여백에 드디어 기록이 등장하였다. 기도할 곳을 찾아 나서면서 시작되었던 것이다. 그때 바울 일행이 강가에 있는 여자들을 만났는데 평범한 만남이 아니었다. 그들 중에는 자색 옷감 장사를 하고 있던 여인 루디아가 있었는데 하나님을 공경하는 자였다. 그 만남이 시작이었다. 그녀가 복음을 받아들였고 그녀의 온 집안이 모두 예수를 영접하고 세례를 받았다.

> ¹⁴…하나님을 섬기는 루디아라 하는 한 여자가 말을 듣고 있을 때 주께서 그 마음을 열어 바울의 말을 따르게 하신지라 ¹⁵그와 그 집이 다 세례를 받고…_행 16:14-15

멈춰 있던 시간은 바울이 기도하는 순간부터 재개되었다. 하나님께서 그의 기도를 따라 움직이기 시작하신 것이다. 하나님이 그의 기도에 응답하셨다. 표현이 좀 이상하지만, 하나님의 주도에서 바울의 주도로 바뀐 것이다. 비로소 바울이 수고할 수 있게 된 것이다. 물론 그것 역시 하나님의 은혜이지만, 바울이 무엇인가를 하게 된 것이다. 바울의 이같은 고백이 가능하게 된 것이다.

> 그러나 내가 나 된 것은 하나님의 은혜로 된 것이니 내게 주신 그의 은혜가 헛되지 아니하여 내가 모든 사도보다 더 많이 수고하였으나 내가 한 것이 아니요 오직 나와 함께 하신 하나님의 은혜로라
> _고전 15:10

모든 것이 하나님의 은혜라는 설명이 붙긴 했지만, 바울은 "내가 모든 사도보다 더 많이 수고하였다"라고 말할 수 있게 되었다. 기도가 그렇다. 기도하는 순간 하나님이 개입하시기 때문이다. 그러므로 기도하는 동안 우리는 살아있는 것이다.

마지막으로 이런 상상을 함께 나누고 싶다. 주님이 베드로와 제자들에게 요청하신 것처럼 "내 마음이 매우 고민하여 죽게 되었으니 너희는 여기 머물러 나와 함께 깨어 있으라"(마 26:38)고 우리에게 요청하신다면 우리는 그렇게 하겠노라 말하고 진정 기도할 수 있길 소망한다. 그러면 주님은 홀로 기도하면서도 우리 때문에 기뻐하실 것이다. 안심하실 것이다. 그리고 기도를 마치시고 나오시며 주님은 베드로에게 말씀하신 것처럼 "너희가 나와 함께 한 시간도 이렇게 깨어 있을 수 없더냐"(마 26:40)는 말씀 대신 우리에게 이렇게 말씀하실 것이다.

"너희가 나와 함께 깨어 기도해줘서 고맙다."

얼마나 멋있고 근사한가? 다른 것은 몰라도, 우리가 사는 날 동안 주님이 탄식하신 '한 시간 기도'는 반드시 하면서 사는 삶이 되길 소망한다.